www.tredition.de

*„Die ganze Kultur ist eine große, endlose Zusammenarbeit"*

August Strindberg (1849 – 1912)

Oliver Kustner

# Die Mär vom interkulturellen Lernen

eine fragmentarische Annäherung

www.tredition.de

© 2021 Oliver Kustner

Autor: Kustner, Oliver
Titelfoto: Kustner, Oliver

Verlag und Druck: tredition GmbH, Halenreie 42, 221359 Hamburg

ISBN: 978-3-7482-8718-6 (Paperback)
ISBN: 978-3-7482-8720-9 (e-Book)

**Bibliografische Information der Deutschen Nationalbibliothek:**

Die Deutsche Nationalbibliothek verzeichnet diese Publikation in der Deutschen Nationalbibliografie; detaillierte bibliografische Daten sind im Internet über http://dnb.d-nb.de abrufbar.

# Inhalt

# Vorwort

Die Mär! Halten Sie etwa eine seltsame, unglaubwürdige Geschichte oder gar einen unwahren Bericht in Ihren Händen? Die Mär, das ist doch so etwas wie *Fake News* früherer Zeiten.

Ich habe diesen Titel gewählt, weil dieses Buch interkulturelles Lernen kritisch betrachten möchte. Als interkultureller Trainer, weiß ich, dass (trotz vieler hervorragender Formate) manches, was unter dem Label interkulturelles Training nachgefragt und angeboten wird, nicht zu einem Verständnis von Kultur beiträgt, sondern bestenfalls als Landeskunde angesehen werden kann. Im schlimmsten Fall können solche Trainings sogar Stereotype und Vorurteile verstärken.

Kultur ist ein sich wandelndes Konstrukt, gerade in der deutschen Gesellschaft erleben wir dies. Die Idee der „Leitkultur" mag manchem Menschen interessant erscheinen, sie ist aber nicht mehr als eine leere Parole. Ich erlebe häufig ein Verständnis von Interkulturalität, das diese als das Aufeinandertreffen solcher Leitkulturen begreift. Wo Menschen miteinander leben, ist es jedoch grundsätzlich viel komplexer. In unserem Land begegnen sich dutzende, nein hunderte, verschiedene Wurzeln, aus denen eine Gesellschaft wächst. Kultur kann dabei als der Versuch verstanden werden, Antworten darauf zu geben, wie sich Gesellschaft organisiert – es ist ein an den Praktiken der Menschen orientiertes Konzept.

Dieses Buch enthält im Wesentlichen Beiträge, die ich im vergangenen Jahr auf verschiedenen Blogs veröffentlich habe, einige neu für dieses Buch geschriebene Gedanken sowie eine überarbeitete Studienarbeit, die viel über interkulturelle Kompetenz zu berichten hat. Das Buch darf dabei bruchstückhaft bleiben, es soll zum Nachdenken und Diskutieren anregen. Wenn es mir gelingt, die ein oder andere „alte Mär" als überholte oder unwahre Vorstellung über interkulturelles Lernen zu entlarven: wunderbar!

Vergessen wir dabei nicht, dass es auch den Begriff „gute neue Mär[1]" gibt. Diese gute Botschaft möchte ich ebenfalls transportieren: Unsere heterogene, plurale und diverse Gesellschaft hat interkulturelle Kompetenz nötig, vielleicht dringender als je.


Happurg, im Frühjahr 2021
Oliver Kustner

---

[1] Im Weihnachtslied *Vom Himmel hoch* verwendet Martin Luther das Wort Mär im Zusammenhang mit der guten Nachricht von der Geburt Jesu Christi

# Die Fiktion vom interkulturellen Lernen

Dieser Beitrag erschien im Februar 2020 in leicht gekürzter Fassung unter dem Titel „Die Fiktion vom interkulturellen Lernen oder die Geschichte einer Schlüsselqualifikation, die nicht aufschließt" auf publikum.de

Internetadresse:
https://publikum.net/die-fiktion-vom-interkulturellen-lernen/

Interkulturelle Kompetenz: die Schlüsselkompetenz des 21. Jahrhunderts! So oder so ähnlich kann man es immer wieder lesen. In der Tat klingt es zunächst einleuchtend, dass in einer globalisierten Welt mit ihren eng verflochtenen Wirtschaftsbeziehungen die Fähigkeit zu interkultureller Kommunikation ebenso eine wichtige Kompetenz darstellt, wie in einer Gesellschaft, die zunehmend als Migrationsgesellschaft gesehen wird. In zahlreichen interkulturellen Trainings wird deswegen mit verschiedenen Ansätzen versucht, diese sagenhafte interkulturelle Kompetenz zu lehren. Im Allgemeinen verbleiben allerdings Definitionsversuche, was interkulturelle Trainings ausmacht.

Kinast (2003) fasst darunter alle Maßnahmen, „die eine Möglichkeit zum interkulturellen Lernen bieten und zum Erwerb interkultureller Handlungskompetenzen beitragen". Der Schweizer Psychologe und Kulturwissenschaftler Jürgen Straub kritisiert interkulturelle Kompetenzmodelle, da diese für ihn

*ausnahmslos eher mit einem etwas vagen Begriff zu tun haben, mit einer bunten Menge schöner und guter Attribute, die sich in einer Person ein willkommenes, rundum erfreuliches Stelldichein geben (Straub, 2018.*

# Von der Interkulturalität zur Transkulturalität einer postmigrantischen Gesellschaft

Man kann zum einen die Sehnsucht feststellen, die gerade bei Wirtschaftsunternehmen verbreitet ist, im Ausland tätige Mitarbeitende interkulturell zu schulen, vielleicht sogar mit der heimlichen Idee die „Kenntnis der Fremdheit und Andersartigkeit des anderen dafür auszunutzen, ihn gezielt mit seinen kulturellen Schwächen zu besiegen" (Schließmann 2014). Dies führt dann meist zu einem Knigge-artigen Vorgehen. Zum Hauptziel wird es dabei, den Tritt in die Fettnäpfchen kultureller Andersartigkeit zu vermeiden. Es geht dann beispielsweise darum, Begrüßungsrituale zu lernen oder sich die Grundzüge einer "Kulturgrammatik" anzueignen. Dies ist zum einen zwar punktuell sinnvoll, jedoch zutiefst unterkomplex, denn man wird über ein holzschnittartiges Verständnis der jeweiligen Kultur nicht hinauskommen. Die tatsächlichen Kommunikationsprobleme interkultureller Begegnung werden dabei nur angekratzt und Lösungen vorgegaukelt. Das verhält sich in etwa so, wie der Versuch eine "deutsche Leitkultur" zu beschreiben. Was zunächst klar und deutlich erscheint, wird bei näherer Untersuchung ungreifbar, unscharf und von der jeweiligen Meinung des Betrachters abhängig. Nicht nur in einer sehr pluralen Gesellschaft wie der deutschen ist es kaum möglich mit Kulturstandards zu arbeiten. Zu plural, zu heterogen, zu vielfältig ist das Zusammenleben von Menschen. Und so hangeln sich viele interkulturelle Trainings an vermeintlichen Differenzlinien entlang und versuchen das Eigene vom Fremden zu unterscheiden. Sie eint, dass durch die Zuschreibung einer vermeintlichen Kultur des Anderen gesellschaftliche Ausschlüsse kulturalisiert werden (Knappik und Mecheril 2018). Letztlich konstruieren Sie Andersartigkeit und bestätigen so eine institutionelle Diskriminierung von Migrant*innen aufgrund ihrer kulturellen Zugehörigkeit (Nohl 2006) und lassen sich auf die Schlagworte Defizit, Differenz und Diskriminierung (ebd.) reduzieren.

Gerade im Blick auf die deutsche Binnengesellschaft ist dieses Verständnis von Interkulturalität gefährlich. Eine deutlich andere Perspektive wählt man, wenn man sich an dem von Welsch (1997) geprägten Begriff der Transkulturalität orientiert, der Kultur als veränderbares und durchdringendes Konstrukt beschreibt. Ausgangspunkt seines Konzepts sind drei Kritikpunkte am von ihm klassisch genannten Kulturbegriff: die behauptete Homogenität und Einheitlichkeit der Kultur (diese gelte empirisch gerade heute unter Bedingungen von allseitiger und vielfältiger Grenzüberschreitung nicht), die „völkische" Fundierung von Kultur und schließlich die begriffsarchitektonisch für den Erhalt der Einheit der (eigenen) Kultur erforderlichen Imagination des Außen und des Fremden (das in der Logik des klassischen Kulturverständnisses ebenfalls homogen und „völkisch" fundiert gedacht werde und werden müsse). „Zusammengefasst: Das klassische Kulturmodell ist nicht nur deskriptiv falsch, sondern auch normativ gefährlich und unhaltbar. Der Abschied von diesem Konzept ist in jeder Hinsicht angezeigt. Heute gilt es, die Kulturen jenseits des Gegensatzes von Eigenkultur und Fremdkultur zu denken" (ebd.) und somit nicht mehr vom Aufeinandertreffen in sich abgeschlossener kulturell geprägter Gruppen auszugehen. Wenn Multikulturalität ein Konzept ist, dass das Bild einer additiven Pluralität befördert, Interkulturalität hingegen das Bild interagierender Pluralität, dann verweist Transkulturalität etwa im Ansatz der transkulturellen Pädagogik auf sich überlagernde Pluralität. (Mecheril 2020). Diese wird mit der in jüngster Zeit diskutierten postmigrantischen Perspektive (Foroutan 2018) deutlich, in der eine Gesellschaft beschrieben wird, die durchdrungen ist von Erfahrungen nach Migration.

# Konsequenzen für den betrieblichen Weiterbildungsbedarf

Für den Weiterbildungsbedarf in Unternehmen ergeben sich nun zwei Konsequenzen. Zum einen darf es nicht mehr in erster Linie um den interkulturellen Umgang, also die Begegnung zwischen zwei feststehenden Kulturen gehen. Im internationalen Kontext gilt dies, weil man sich im Businesskontext meist in einer internationalen hybriden Wirtschaftskultur bewegt. Noch stärker wird diese Hybridität in der deutschen Binnengesellschaft mit ihrer Migrationsgeschichte deutlich. Im Mittelpunkt der Diskussion kann nicht mehr das Aushandeln zwischen den Kulturen, sondern der Umgang mit Ambiguität und Hybridität (Foroutan 2015) stehen. Im Zuge des postmodern *turn* stehen Ambiguität und Hybridität für eine Abkehr vom binären Code der Moderne. Wurde bisher Identität aus einer eindeutigen Zuordnung zu einer Gruppe abgeleitet, werden Identitäten in der Postmoderne mehrfach und multipel gedacht (ebd.). Eine interkulturelle Pädagogik steht dann vor der Herausforderung, wie sie statische Ansichten auf identitäre Kernnarrationen wie Kultur oder Nation mit den damit einhergehenden Exklusionsmechanismen überwindet statt bestärkt, durch die Menschen mit Migrationshintergrund die fraglose Zugehörigkeit und Authentizität verwehrt wird, wenn sie durch äußere Zuschreibung als nichtdeutsch gesehen werden, was immer „Deutschsein" heutzutage auch sein mag (Foroutan 2010).

Es ist zu berücksichtigen, dass der Begriff Nation relativ jungen Ursprungs ist, der erst im Zuge der Aufklärung entstanden und in Deutschland während der napoleonischen Kriege an Bedeutung gewonnen hat. Anderson definiert eine Nation als „eine vorgestellte politische Gemeinschaft, vorgestellt als begrenzt und souverän" (Anderson 1988). Er weist damit auf den Umstand hin, dass sich selbst die Mitglieder der kleinsten Nation nicht alle persönlich kennen, sondern lediglich, was außergewöhnlich genug ist, in ihren Köpfen eine Vorstellung ihrer Gemeinschaft existiert. Diese Vorstellung oder Konstruktion bezieht sich einerseits auf eine Nation, vorgestellt als begrenzt, also als ein System von Grenzen sowie von Freiheiten, einer Nation, vorgestellt als souverän. In einer diverser werdenden Gesellschaft stellt sich zunehmend die Frage, welche Vorstellungen von Gemeinschaft vorstellbar und erstrebenswert sind. Die von Anderson beschriebene Brüderlichkeit, also die begrenzte Vorstellung von Nation als kameradschaftlichen Verbund von Gleichen, der unabhängig von realer Ungleichheit und Ausbeutung existiert und für den in den vergangenen zwei Jahrhunderten Millionen von Menschen töteten und bereitwillig gestorben sind (ebd.), kann es in der heutigen Zeit hoffentlich nicht sein.

Die zweite Konsequenz ist, dass eine Reduktion der Ziele einer interkulturellen Fortbildung angebracht zu sein scheint, denn diese skizzierte gesellschaftliche Perspektive erscheint für die betriebliche Weiterbildung zu groß zu sein. Dabei ist die Lösung relativ einfach: statt eine Schulung interkultureller Kompetenz zu versuchen, geht es darum allgemeine Handlungskompetenz in den Mittelpunkt zu stellen. Interkulturelle „Kompetenz" (von lat. *competere*: „zusammenbringen") ist keine fünfte Kompetenz neben Personalkompetenz, Sozialkompetenz, Fachkompetenz und Methodenkompetenz, sondern das Zusammenspiel affektiver, kognitiver und konativer Komponenten (Bolten 2018). Immer wieder als signifikant beschriebene Merkmale interkultureller Kompetenz wie Empathie, Rollendistanz, Ambiguitätstoleranz oder (Meta-) Kommunikationsfähigkeit bestimmen ausnahmslos auch den Handlungserfolg in Kontexten, die nicht durch kulturelle Überschneidungssituationen gekennzeichnet sind und sollten dementsprechend auch nicht als interkulturell bezeichnet werden (Bolten 2011). In der Konsequenz dieser Überlegungen kann demnach nicht darum gehen, interkulturelle Kompetenz als eigenständigen, fünften Teilbereich von Handlungskompetenz zu etablieren, sondern um die Realisierung eines kontextangemessenen Zusammenspiels in Form einer „Transferkompetenz" (ebd.) aus persönlichen, sozialen, methodischen sowie sachlichen und fachlichen Handlungskompetenzen.

# Kompetenz in Zeiten digitaler Transformation, Mediatisierung und New Work

Zusammenfassend geht es also darum, allgemeine Handlungskompetenzen zu schulen und zu trainieren und diese in ein Interdepenzverhältnis zu Kultur zu stellen. Individuelle, soziale, fachliche und strategische Fähigkeiten finden eben auch, aber nicht nur, in einem interkulturellen Kontext Anwendung. Die ethnisch-kulturelle Prägung ist dabei ein (nicht unbedeutender) Teil der Sozialisation, ebenso wie z.B. Geschlecht, Religion, Generation, die regionale Herkunft aus einem urbanen oder ländlichen Raum und viele weitere prägende Einflüsse. Mit diesem Verständnis kann das Bewusstsein für interkulturelle Kommunikation aus der ethnischen Falle befreit werden und eine hilfreiche Kompetenz für moderne Fragestellungen entwickelt werden, die gerade im Zuge kultureller Veränderungen - Stichworte digitale Transformation, Mediatisierung, New Work - dringend notwendig sind. Das erfordert eine Abkehr vom Wunsch nach einfachen, rezeptartigen Lösungen in der Fort- und Weiterbildung und eine Hinwendung zur Einsicht, dass komplexe Fragestellungen auch eine komplexe Problemlösung erfordern.

# Literaturverzeichnis

Anderson, B. (1988). Die Erfindung der Nation: zur Karriere eines erfolgreichen Konzepts. Campus Verlag, Frankfurt/M.

Bolten, J. (2011). Unschärfe und Mehrwertigkeit. "Interkulturelle Kompetenz" vor dem Hintergrund eines offenen Kulturbegriffs. In W. Dreyer & U. Hößler (Hrsg.), Perspektiven interkultureller Kompetenz: mit 11 Tabellen. (S. 55–70). Göttingen [u.a.]: Vandenhoeck & Ruprecht.

Bolten, J. (2018). Einführung in die interkulturelle Wirtschaftskommunikation (utb Wirtschaftswissenschaften, Interkulturelle Kommunikation, 2922. Wirtschaftswissenschaften, Interkulturelle Kommunikation). Göttingen: Vandenhoeck & Ruprecht.

Foroutan, N. (2010). Neue Deutsche, Postmigranten und Bindungs-Identitäten. APUZ - Aus Politik und Zeitgeschichte, 2010(46/47), 9–15.

Foroutan, N. (2015). Die postmigrantische Gesellschaft, Bundeszentrale für politische Bildung. Die Einheit der Verschiedenen: Integration in der postmigrantischen Gesellschaft.

Foroutan, N. (2018). Die postmigrantische Perspektive. Aushandlungsprozesse in pluralen Gesellschaften. In M. Hill & E. Yıldız (Hrsg.), Postmigrantische Visionen. Erfahrungen - Ideen - Reflexionen (Postmigrantische Studien, Band 1, S. 15–28). Bielefeld: transcript.

Kinast, E.-U. (2003). Interkulturelles Training. In A. Thomas, E.-U. Kinast & S. Scholl-Mach (Hrsg.), Grundlagen und Praxisfelder (Handbuch interkulturelle Kommunikation und Kooperation; Band 1, 2., überarb. Aufl., S. 181–203). Göttingen: Vandenhoeck & Ruprecht.

Knappik, M. & Mecheril, P. (2018). Migrationshintergrund oder die Kulturalisierung von Ausschlüssen. In İ. Dirim & P. Mecheril (Hrsg.), Heterogenität, Sprache(n), Bildung. Eine differenz- und diskriminierungstheoretische Einführung; (Studientexte Bildungswissenschaft, Bd. 4443, S. 159–177). Bad Heilbrunn: Verlag Julius Klinkhardt.

Mecheril, P. (2020). Kulturelle Differenz. In G. Weiß & J. Zirfas (Hrsg.), Handbuch Bildungs- und Erziehungsphilosophie (S. 305–316). Wiesbaden: Springer VS.

Nohl, A.-M. (2006). Konzepte interkultureller Pädagogik. Eine systematische Einführung. Bad Heilbrunn: Klinkhardt.

Schließmann, C. P. (2014). Leistungspotenziale im Fadenkreuz. Die acht Dimensionen persönlicher und unternehmerischer Hochleistung. Berlin: Springer Gabler.

Straub, J. (2018). Das Selbst als interkulturelles Kompetenzzentrum. Ein zeitdiagnostischer Blick auf die wuchernde Diskursivierung einer ›Schlüsselqualifikation‹. In D. Weidemann & P. Chakkarath (Hrsg.), Kulturpsychologische Gegenwartsdiagnosen (S. 149–202). Bielefeld: transcript Verlag.

Welsch, W. (1997). Transkulturalität. Thesis, Wissen-
    schaftliche Zeitschrift der Bauhaus-Universität
    Weimar, 135.

# Die Frage nach der Herkunft

Dieser Beitrag erschien 2020 in leicht gekürzter Fassung auf freitag.de und wurde als empfohlenes Blog ausgezeichnet.

Internetadresse:
https://freitag.de/autoren/oliverkustner/dazu-gehoeren-transkulturell-betrachtet

Als Bundeskanzlerin Merkel beim Integrationsgipfel im März 2020 die Geschichte Ihrer eigenen Herkunft thematisierte, wies Sie auf ein Grundproblem der deutschen Gesellschaft hin. Wie kann die vollwertige Zugehörigkeit zur Gesellschaft erworben werden und wie sehr bestimmen von einem *jus sanguinis* abgeleitete, völkische Kriterien, wie Abstammung oder Hautfarbe die Denkweise?

## Die Frage nach der Herkunft als Ausdruck der „VerAnderung"

Merkel wies darauf hin, dass sie selbst in vierter Generation polnische Wurzeln habe, da ihr Urgroßvater in Polen geboren wurde. Gleichwohl käme niemand auf die Idee ihr die Zugehörigkeit abzusprechen. Andererseits würden gerade dunkelhäutig oder „anders" aussehende Menschen regelmäßig gefragt, woher sie denn kommen. Eine Frage, an der sich heftige Diskussionen entzünden. Während Migrant*innen häufig auf eine verletzende Wirkung hinweisen, verwenden Mitglieder der Mehrheitsgesellschaft gerne die Formulierung "das wird man doch wohl fragen dürfen". Die Frage wird zu Interesse umgedeutet und gerade rechtspopulistische Kreise führen zur Relativierung Beispiele an, wie die eines deutschen Touristen, der in China ja schließlich auch nach seiner Herkunft gefragt würde. Özlem Gezer beschrieb bereits 2013 in ihrer Spiegel Homestory die Routine, in der sie in ihrer Heimat Hamburg immer wieder Integrationsfragen beantworten musste: „Wir Migrantenkinder lernen früh, deutsche Fragen positiv zu sehen, die Deutschen haben halt diese böse Vergangenheit und jetzt ein großes Interesse an ,fremden Kulturen'" (Gezer 2013). Sie beschreibt, dass Kinder von Migranteneltern keine Privatsphäre haben und dass es im Umgang mit ihnen keine Hemmschwellen gäbe. So sei es nicht ungewöhnlich, dass deutsche Gesprächspartner*innen schon wenige Minuten nach dem Kennenlernen mit intimsten Fragen in ihrer Religion, in ihrer Familie und in ihrem Schlafzimmer auftauchen. Gezer fragt dabei ihre deutschen Leser*innen zurück, ob sie denn schon einmal danach gefragt worden seien, ob sie Männer mit oder ohne Vorhaut bevorzugen oder ob ihr Vater sie oder „nur" ihre Mutter schlägt (ebd.).

Letztlich weist die Formulierung „woher kommst Du" aber auf die Unterscheidung von „die" und „wir" hin, auf einen Prozess, den Julia Reuter als „VerAnderung" bezeichnet. Hierbei wird versucht sich selbst und das eigene soziale Image aufzuwerten, indem man Menschen mit anderen Merkmalen als andersartig und „fremd" klassifiziert. Die Frage nach der Herkunft steht also stellvertretend für die betonte Unterscheidung und Distanzierung von „den Anderen".

# Problematik kulturelle Zugehörigkeit zu bezeichnen

Die Berliner Kulturwissenschaftlerin Naika Foroutan hat bereits 2010 in einem lesenswerten Dossier auf die Problematik der Etikettierung hingewiesen. Zwar sei der Begriff „Mensch mit Migrationshintergrund" deutlich differenzierter als die einseitige Zuordnung als Türke, Italienerin oder Pole, aber eben doch nicht so neutral, wie er ursprünglich erdacht war. Im öffentlichen Diskurs ist er zu einer Bezeichnungspraxis mutiert, die „vorwiegend Differenz-Momente hervorhebt und die in der öffentlichen Wahrnehmung vor allem mit Defiziten und Problemen verbunden wird" (Foroutan 2010). Auch die von Foroutan damals getroffene Feststellung, dass eine etablierte Bezeichnung fehlt, „welche die nationale und kulturelle Mehrfachzugehörigkeit und -identifikation von Individuen wertneutral" beschreibt und nicht am Ideal von Homogenität oder der Vorstellung von Assimilation als gelungene Integration ausgerichtet ist, ist weiterhin aktuell.

In Soziologie oder Kulturwissenschaft diskutierte Ideen von hybriden Identitäten, also Menschen, die Wurzeln aus mehreren Kulturen vereinen, sind in der öffentlichen Diskussion ebenso wenig präsent, wie die von Welsch (1997) beschriebene Vorstellung einer Transkulturalität. Er beschreibt Kultur als veränderbares und durchdringendes Konstrukt und kritisiert den von ihm klassisch genannten Kulturbegriff in dreierlei Hinsicht. Erstens gelten die behauptete Homogenität und Einheitlichkeit von Kultur, gerade unter den heutigen Bedingungen von allseitiger und vielfältiger Grenzüberschreitung, nicht. Zweitens geschehe Fundierung von Kultur bisher überwiegend „völkisch" und sei drittens auf eine Imagination des Außen und des Fremden angewiesen. Das klassische Kulturmodell ist für ihn deswegen nicht nur deskriptiv falsch, sondern auch normativ gefährlich und unhaltbar. Angesichts der gesellschaftlichen Realitäten gilt es, Kulturen jenseits des Gegensatzes von Eigenkultur und Fremdkultur zu denken" (ebd.) und somit nicht mehr vom Aufeinandertreffen in sich abgeschlossener kulturell geprägter Gruppen auszugehen. Paul Mecheril (2020) schließt an Welsch Überlegungen an und sieht im Mittelpunkt von Transkulturalität eine sich überlagernde Pluralität, während Multikulturalität das Bild einer additiven Pluralität und Interkulturalität das Bild interagierender Pluralität befördert.

# Notwendige Aushandlungsprozesse postmigrantischer Gesellschaften

Wenn Kanzlerin Merkel also bei ihrer Stellungnahme zum Integrationsgipfel die Frage stellt, wie lange es denn eigentlich dauert oder dauern soll, bis nicht mehr die Integration eingefordert wird, legt sie den Finger in die Wunde einer postmigrantischen Gesellschaft. In einer solchen Gesellschaft geht es nicht mehr um Migration selbst, sondern um die gesellschaftspolitischen Aushandlungsprozesse, die nach der Migration erfolgen (Foroutan 2015). Im Mittelpunkt der Diskussion steht demnach nicht mehr das Aushandeln zwischen den Kulturen, sondern der Umgang mit Widersprüchlichkeit und Hybridität (ebd.). Hierbei werden statische Ansichten auf identitäre Kernnarrationen wie Kultur oder Nation - etwa in Form der von Friedrich Merz seinerzeit ins Spiel gebrachten Leitkultur - mit den damit einhergehenden Exklusionsmechanismen in Frage gestellt. Oder anders gefragt: mit welchem Recht verwehrt man Menschen mit Migrationshintergrund die fraglose Zugehörigkeit und Authentizität, indem man sie durch äußere Zuschreibung als "nicht-deutsch" bezeichnet, was immer „Deutschsein" heutzutage auch sein mag?

# Abkehr von „VerAnderung" als Frage des Respektes

Merkels Forderung, für Vielfalt zu werben, erscheint demnach folgerichtig. Es gilt jedoch deutlich zu machen, dass Vielfalt gesellschaftliche Realität ist und nicht das Ziel. Wer diese Vielfalt nicht akzeptieren kann oder will, grenzt damit nicht nur mehr als 1/5 der Bevölkerung aus, die in ihrer Familientradition Migrationserfahrungen hat, sondern stellt das Ideal einer offenen, pluralen Demokratie infrage. Der sensible Umgang mit der Frage nach der Herkunft könnte also nicht nur ein erster Schritt sein, um die Abkehr von der „VerAnderung" einzuleiten, sondern ist auch eine Frage des Respektes gegenüber einer großen Gruppe unserer Mitbewohner*innen. Letztlich ist es ein Ja zu einer pluralen und heterogenen Gesellschaft.

# Literaturverzeichnis

Foroutan, N. (2010). Neue Deutsche, Postmigranten und Bindungs-Identitäten. APUZ - Aus Politik und Zeitgeschichte, 2010 (46/47), 9–15.

Foroutan, N. (2015). Die postmigrantische Gesellschaft, Bundeszentrale für politische Bildung. Die Einheit der Verschiedenen: Integration in der postmigrantischen Gesellschaft.

Foroutan, N. (2018). Die postmigrantische Perspektive. Aushandlungsprozesse in pluralen Gesellschaften. In M. Hill & E. Yıldız (Hrsg.), Postmigrantische Visionen. Erfahrungen - Ideen - Reflexionen (Postmigrantische Studien, Band 1, S. 15–28). Bielefeld: transcript.

Gezer, Ö. (2013). Türkisiert. Warum ich nie zu einer richtigen Deutschen wurde. Der Spiegel, 2013 (45), 74–75

Mecheril, P. (2020). Kulturelle Differenz. In G. Weiß & J. Zirfas (Hrsg.), Handbuch Bildungs- und Erziehungsphilosophie (305–316). Wiesbaden: Springer VS.

Reuter, J. (2002). Ordnungen des Anderen. 2001. Transcript, Bielefeld.

Welsch, W. (1997). Transkulturalität. Thesis, Wissenschaftliche Zeitschrift der Bauhaus-Universität Weimar, 135.

# Pluralität: das schmerzhafte Erleben von Komplexität

Dieser Beitrag erschien im Februar 2020 in leicht gekürzter Fassung unter dem Titel „Die Fiktion vom interkulturellen Lernen oder die Geschichte einer Schlüsselqualifikation, die nicht aufschließt" auf publikum.de

Internetadresse:
https://publikum.net/pluralitatat-das-schmerzhafte-erleben-von-komplexitaet/

Die Themen Diversity und Chancengleichheit werden für kleine und mittlere Unternehmen (KMU) und für öffentliche Verwaltungen immer relevanter. Glaubt man den Fachleuten der INQA (Initiative Neue Qualität der Arbeit) und der "Offensive Mittelstand", haben viele Unternehmen erhebliche Schwierigkeiten den Fachkräftebedarf abzusichern und andererseits Zugewanderte zielgerichtet in den Betrieb zu integrieren. Dieser Beitrag geht der Frage nach, warum wir uns mit Heterogenität so schwertun und welche Konsequenzen sich deswegen für die betriebliche Weiterbildung ergeben könnten.

Gerade für KMU scheint es schwer zu sein, die Potenziale von Diversität zu erkennen und für ihr Unternehmen zu nutzen. Eine Ursache könnte die bei vielen Führungskräften und Personalverantwortlichen verbreitete Idealvorstellung von Homogenität sein, die eine Folge und ein kulturelles Phänomen unseres beruflichen Ausbildungssystems ist. Ein rollstuhlfahrender Fliesenleger ist in unseren Köpfen ebenso wenig verankert wie die dunkelhäutige Bankkauffrau.

# Identität entsteht in Abgrenzung zu anderen

Da ein gutes Stück der Identität in Abgrenzung zu anderen entsteht bzw. erlebbar wird, fällt es

Menschen grundsätzlich schwer, Vielfalt anzuerkennen. Die Zugehörigkeit zu einer Gruppe definiert uns ebenso wie die Herkunft aus einer Region oder die Abstammung aus unserer Familie. Dieser Effekt wird noch dadurch befördert, dass wir die eigene Gruppe nach den stärksten Mitgliedern und besten Eigenschaften wahrnehmen und fremde Gruppen genau nach dem entgegengesetzten Prinzip. Für James G. Kellas führt die Selbstbezogenheit einer Gruppe zu Ethnozentrismus, den er als psychologische Vorurteile eines Individuums gegenüber seiner ethnischen Gruppe und gegenüber anderen ethnischen Gruppen" beschreibt. (Kellas 1998) Dies ist ein Phänomen, dass Populisten in Kombination mit der Idee der Fremdgruppenhomogenität ("kenn' ich einen, kenn' ich alle") gerne ausnutzen, wenn sie z.B. einzelne Kriminalitätsfälle auf ganze Gruppen übertragen. Sich Pluralität bewusst zu werden, bedeutet demnach immer auch, die eigenen Vorstellungen über sich in Frage zu stellen. Dies kann ein schmerzlicher Vorgang sein.

# Schubladen namens Stereotype und Vorurteile

Menschen neigen dazu, in Schubladen zu denken. Dies befähigt uns, schnelle Entscheidungen zu treffen, was im Laufe der Evolution sehr hilfreich war und sicherlich zum Überleben der Menschheit beigetragen hat. Bis heute hat Schubladendenken diese ordnende Funktion. Stereotype und Vorurteile helfen uns Übersicht und Orientierung zu erhalten und einen schnellen Überblick zu gewinnen. In einer komplexen, unübersichtlichen Welt erscheint diese Vorgehensweise vielfach sogar noch erstrebenswerter. Allerdings besteht kein Zweifel, dass Stereotype und Vorurteile nur ein Zerrbild der Wirklichkeit abbilden. Sie sind in der modernen Arbeitswelt eher hinderlich als nützlich und sollten deswegen hinterfragt und bearbeitet werden. Genauso selbstverständlich sollte es aber werden, die dahinterliegende Sehnsucht nach Homogenität zu hinterfragen. Dieser Wunsch nach Gleichheit scheint zunächst attraktiv, vielleicht sogar demokratisch zu sein: alle Menschen sind gleich! Aber auch hier ist der Realitätscheck ernüchternd. In ihrem Aufsatz „Diversity Management zwischen Ökonomisierung und Gleichstellungspolitik" stellt Edelgard Kutzner fest, dass Vielfalt in jedem Unternehmen und jeder Einrichtung vorhanden ist.

> *Selbst dort, wo es nach außen den Anschein hat, die Belegschaft sei äußerst homogen, weil überwiegend weiße, inländische Männer oder überwiegend Frauen dort arbeiten, gibt es Unterschiede, beispielsweise bei den Qualifikationen der Beschäftigten, in den Beschäftigungsformen (Vollzeit, Teilzeit) oder in der Altersstruktur (Kutzner 2010).*

Sie kritisiert, dass dies oft mit Benachteiligung und Ungleichheitsverhältnissen verbunden ist und dass Vielfalt bei der Personalarbeit, bei der Gestaltung der Arbeitsplätze, im Führungsverhalten und in anderen Bereichen nicht ausreichend berücksichtigt wird.

# Die Konfliktlinie in post-migrantischen Gesellschaften

Obwohl Vielfalt demnach Realität ist, gibt es gerade um die Frage von Homogenität oder Heterogenität heftige Grabenkämpfe. Diskurse um Migration oder die Zugehörigkeit des Islam zu Deutschland stehen sinnbildlich für den Umgang mit Pluralität und Heterogenität. Die zentrale Bruchlinie dreht sich um die Frage, ob Pluralität ertragen, akzeptiert und befürwortet wird oder ob sie verängstigt und Widerstand hervorruft.

*Migration ist dabei nur eine Chiffre für Pluralität, hinter der sich vieles versteckt: Umgang mit Gender-Fragen, Religion, sexueller Selbstbestimmung, Rassismus, Schicht und Klasse, zunehmende Ambiguität und Unübersichtlichkeit (Foroutan 2018).*

Dieser Konflikt der postmigrantischen Gesellschaft spiegelt sich auch im betrieblichen Umfeld wider. Es wird deswegen zur notwendigen Aufgabe, die Einstellung zu Heterogenität, Vielfalt und

Diversität in jeder betrieblichen Organisation zu klären. Ein hilfreiches Praxisinstrument kann hierfür der „INQA-Check Vielfaltsbewusster Betrieb" sein, mit dem KMU ihre Potenziale zum Thema Diversität erschließen und z.B. mit Beratenden der Offensive Mittelstand systematisch aufgreifen können. Der Check steht dabei als Print- und Onlineversion kostenlos zur Verfügung.

Es gehört jedoch ein gutes Stück Ehrlichkeit dazu, um ein neues Verständnis von Pluralität oder Heterogenität zu erarbeiten. Die Formel Diversität gleich Innovation und mehr Produktivität greift sicherlich zu kurz, denn von einem Automatismus kann natürlich keine Rede sein. In diversen Umgebungen können zusätzliche Konflikte entstehen und es ist ein zusätzlicher Aufwand zur Organisation von Lernprozessen notwendig. Bisher übernehmen Betriebe bei der Personalauswahl und der Personalentwicklung die Vorgaben des Bildungssystems mit einer relativ hohen Bewertung von formaler Bildung sowie einem linearen Verständnis von Kompetenz meist unreflektiert. Wer heute die formalen Kriterien eines Arbeitsplatzes am besten erfüllt, wird für am geeignetsten gehalten. Rückstände im Bildungsverlauf, die z.B. durch gesellschaftliche Benachteiligung entstehen, werden statisch gesehen. Ein tieferes Verständnis von diversen Lebensläufen hilft dabei, den Blick verstärkt auf die Potenziale zu richten und die Möglichkeit alternativer Bildungswege nachzuvollziehen.

# Ein agiles Verständnis von Bildungsverläufen

Empfehlenswert ist daher eine Übertragung eines agilen Grundverständnisses auf Aus- und Weiterbildung. Prinzipien und Aufgaben einer betrieblichen Weiterbildung könnten dann im Sinne der drei *Scrum*[2] Säulen (Schwaber und Sutherland 2020) Transparenz der Anforderungen sowie Inspektion und Adaption von Kompetenzen sein. Dies lässt sich an folgenden Fallbeispielen bzw. Fragestellungen nachvollziehen:

- Wie bewertet man die 1,2 er Abiturientin, die nach dem Bachelorstudium eine Babypause eingelegt hat? Sieht (und unterstützt) man das Potenzial, dass sie in Teilzeit ihr Masterstudium nachholen wird oder entscheidet man sich für einen 08/15 Durchschnittsbewerber?
- Wie bewertet man den iranischen Mittelschüler mit mittelprächtigem Schulabschluss? Weist man ihm den Hilfsarbeiter-

---

[2] Der englische Begriff *Scrum* (Gedränge) bezeichnet ein aus der agilen Softwareentwicklung stammendes Vorgehensmodell des Projekt- und Produktmanagement.

job zu oder vermutet (und entwickelt) man
ein weitergehendes Potenzial, weil man
davon ausgeht, dass ein Schüler, der in nur
vier Jahren eine Sprache soweit erlernt hat,
um seinen Schulabschluss zu schaffen,
noch weitaus mehr erreichen kann.

Diese und ähnliche Fragen lassen sich auf alle
Bereiche ausdehnen, die man klassischerweise mit
Diversität in Verbindung bringt. Man kann nicht
oft genug darauf hinweisen, dass in der sogenannten VUCA-Welt, die Zukunft ungewiss, unsicher,
komplex und mehrdeutig ist (VUCA ist das Akro-
nym für die englischen Begriffe *volatility, uncertai-
nity, complexity* und *ambiguity*). Eine Kultur der
Pluralität kann hilfreich sein, diese Zukunft besser
zu gestalten, da dann dem Unternehmen vielfälti-
gere Ressourcen zur Verfügung stehen. Letztlich
geht es darum, Diversity Management nicht als
Ausgleichen von Benachteiligung zu verstehen,
sondern als das konsequente Nutzen von Chancen.
Weiterbildungsmanagement und Kompetenzentwicklung sind dabei die Schlüsselworte. Damit
gelangt man allerdings schon zu einem weiteren
betrieblichen Themenblock, bei dem dann ein anderes Tool KMU unterstützen kann, nämlich
der INQA Check „Wissen und Kompetenz".

# Literaturverzeichnis

Foroutan, N. (2018): Die postmigrantische Perspektive. Aushandlungsprozesse in pluralen Gesellschaften. In: Postmigrantische Visionen: Erfahrungen - Ideen - Reflexionen. Bielefeld: transcript

Initiative Neue Qualität der Arbeit. Erfolgreich durch Vielfalt - mit dem INQA-Check "Vielfaltsbewusster Betrieb". https://www.inqa.de/DE/Mitmachen-Die-Initiative/Foerderprojekte/Projektdatenbank/diversity-und-chancengleichheit.html

Kellas, J. G. (1998). The Politics of Nationalism and Ethnicity. 2. Auflage. MacMillan, London

Kutzner, E. (2010). Diversity Management zwischen Ökonomisierung und Gleichstellungspolitik. GENDER - Zeitschrift für Geschlecht, Kultur und Gesellschaft, *2(2), 25-40.* Mannheim.

Schwaber, K. & Sutherland, J. (2020). The Scrum Guide. Verfügbar unter www.scrum.org/resources/scrum-guide

# Zielgruppen-adressierung beim interkul-turellen Ler-nen

Bei diesem Beitrag handelt es sich um die Kurzdarstellung einer vergleichenden Untersuchung exemplarisch ausgewähl-ter interkultureller Schulungen. Der ursprüngliche Titel der Studienarbeit: Der Einfluss der Zielgruppenadressierung auf das Verständnis interkultureller Kompetenz – eine verglei-chende Untersuchung exemplarisch ausgewählter Schulungen

# Einleitung und Fragestellung

Interkulturelle Kompetenz wird häufig als Schlüsselkompetenz des 21. Jahrhunderts bezeichnet. In einer globalisierten Welt mit ihren eng verflochtenen Wirtschaftsbeziehungen stellt die Fähigkeit zu interkultureller Kommunikation ebenso eine wichtige Kompetenz dar, wie in einer Gesellschaft, die zunehmend als Migrationsgesellschaft gesehen wird. In zahlreichen interkulturellen Trainings wird mit verschiedenen Ansätzen versucht, interkulturelle Kompetenz zu lehren. Allerdings verbleiben im Allgemeinen Definitionsversuche, was interkulturelle Trainings ausmacht. So definiert Kinast (2003), dass diese alle Maßnahmen umfassen, „die eine Möglichkeit zum Interkulturellen Lernen bieten und zum Erwerb interkultureller Handlungskompetenzen beitragen". Straub dagegen kritisiert interkulturelle Kompetenzmodelle, da diese „ausnahmslos eher mit einem etwas vagen Sammelsurium als mit einem wissenschaftlichen Begriff zu tun haben, mit einer bunten Menge schöner und guter Attribute, die sich in einer Person ein willkommenes, rundum erfreuliches Stelldichein geben" (Straub 2018). In dieser Arbeit soll der Frage nachgegangen werden, wie verschiedene Settings, insbesondere die Auswahl der Zielgruppe bzw. der Adressat*innen einer interkulturellen Schulungsmaßnahme das Verständnis von interkultureller (Handlungs-)

Kompetenz beeinflussen. Die Frage soll anhand zweier Kursmanuale aus den Bereich Erwachsenenbildung untersucht werden. Hierzu werden der Kurs Xpert Culture Communications skills® und der Sprachkurs Pluspunkt Deutsch untersucht. Konkret soll dabei die Frage beantwortet werden, welches Kompetenzverständnis interkultureller Kompetenz der jeweiligen Schulung zugrunde liegt und in welcher Wechselwirkung dieses zur ausgewählten Zielgruppe steht. Durch die Betrachtung möglichst diametraler Zielgruppen soll untersucht werden, wie ein Grundkonsens interkultureller Kompetenz aussehen könnte und ob durch die Ausrichtung auf eine spezielle Zielgruppe blinde Flecken entstehen könnten. Bevor die Frage nach dem **Einfluss der Zielgruppenadressierung auf das Verständnis interkultureller Kompetenz** beantwortet wird, folgt zunächst eine theoretische Einordnung des Themas sowie eine Erläuterung der methodischen Vorgehensweise. Zum Abschluss der Arbeit erfolgt eine Verortung der Forschungsergebnisse in aktuelle bildungswissenschaftliche Diskussionen.

# Theoretische Bezüge

Zunächst soll eine Begriffsklärung der für diese Arbeit zentralen Begriffe Kompetenz und Kultur vorgenommen werden, bevor eine Verortung des Themas in aktuelle kulturwissenschaftliche Diskussionen vorgenommen wird und häufig diskutierte Modellbeschreibungen interkultureller Kompetenz, wie Listen-, Struktur- oder Phasenmodelle, inhaltlich und in ihrem theoretischen Kontext vorgestellt werden.

## der Begriff Kompetenz

Allgemein sind Kompetenzen, die „bei Individuen verfügbaren oder durch sie erlernbaren kognitiven Fähigkeiten und Fertigkeiten, um bestimmte Probleme zu lösen, sowie die damit verbundenen motivationalen, volitionalen und sozialen Bereitschaften und Fähigkeiten, um die Problemlösungen in variablen Situationen erfolgreich und verantwortungsvoll nutzen zu können" (Weinert 2002). Es lässt sich eine weitere Klassifizierung von Handlungskompetenzen in (a) individuelle, (b) soziale, (c) fachliche und (d) strategische Teilkompetenzen vornehmen (Bolten 2007a). Die häufig gewählte Einschätzung von interkultureller Kompetenz als Schlüsselkompetenz nimmt Bezug auf den von Mertens 1974 geprägten Begriff Schlüsselqualifikationen, unter denen er übergeordnete Bildungsziele und Bildungselemente versteht, die „den Schlüssel zur raschen und reibungslosen Erschließung von wechselndem SpezialWissen [sic] bilden" (Mertens 1974). Gemeint sind damit also "Kenntnisse, Fähigkeiten, Fertigkeiten, Einstellungen und Werthaltungen zum Lösen gesellschaftlicher Probleme", die durch eine relativ lange Verwertbarkeit gekennzeichnet sind (Beck 1997). Im Rahmen des OECD Projekts DeSeCo (*Definition and*

*Selection of Competencies)* wurde ein anforderungsorientierter Ansatz von Schlüsselkompetenzen
verfolgt. In den Mittelpunkt rückte dabei die Frage, „welche Fähigkeiten der Einzelne benötigt, um
die Welt zu verstehen und sich in seinem jeweiligen Umfeld zurechtzufinden" (Rychen 2008). In
diesem holistischen Ansatz werden demnach, ethische, soziale, emotionale, motivationale und verhaltensbezogene Komponenten, über die ein Individuum verfügt oder durch Lernen verfügen kann,
zusammengefasst, die als System effektives Handeln in konkreten Situationen ermöglichen, um
Anforderungen erfolgreich zu meistern (ebd.).
Bolten (2007a) stellt die Frage, ob es  überhaupt
eine eigenständige interkulturelle Kompetenz geben kann, wenn nahezu alle Teilkompetenzen interkulturellen Handelns auch auf den Handlungserfolg in der eigenkulturellen Lebenswelt Einfluss
haben und demnach zumindest nicht als spezifisch
interkulturelle Teilkompetenzen bezeichnet werden können.

### der Begriff Kultur

Ähnlich komplex zeigt sich der Begriff Kultur,
denn es hängt von der gewählten Definition von
Kultur ab, auf welche Weise „moderne Gesellschaften Kultur sektoral oder ganzheitlich wahrnehmen und sich mit Hilfe eines Diskurses über
Kultur normativ, kritisch, beschreibend oder erklä-
rend über sich selbst verständigen" (Ort 2008). Es
erscheint hier nicht notwendig, die historische

Entwicklung des Kulturbegriffs oder die Vielzahl von Kulturtheorien umfänglich vorzustellen, insbesondere, da in den letzten Jahren eine fachübergreifende Präferenz für einen semiotischen, bedeutungsorientierten und konstruktivistisch geprägten Kulturbegriff erkennbar ist (Nünning und Nünning 2008). Demzufolge wird „Kultur als der von Menschen erzeugte Gesamtkomplex von Vorstellungen, Denkformen, Empfindungsweisen, Werten und Bedeutungen aufgefasst, der sich in Symbolsystemen materialisiert" (ebd.). Kultur ist also ein kollektives, offenes und wandelbares Orientierungssystem, welches sich ein Individuum sukzessiv als Bestandteil einer Gruppe innerhalb eines Sozialisationsprozesses, den man als Enkulturation begreifen kann, aneignet. Sie ist die „Gesamtheit der kollektiven Deutungsmuster einer Lebenswelt" (Nieke 2000), einschließlich ihrer materiellen Manifestationen. Als kollektives Phänomen wird Kultur reproduziert, an nachfolgende Generationen überliefert und infolgedessen auch transformiert. Es ist eine gesellschaftliche Praxis der Bedeutungszuweisung, die gemeinschaftliche Deutungsmuster umfasst und prinzipiell für Verschmelzungen und wechselseitige Einflüsse offen ist (Wille 2016). Auch wenn man zwischen universellen, kulturspezifischen und individuellen Verhaltensweisen unterscheiden muss, geht Alexander Thomas (2003) davon aus, dass das Orientierungssystem Kultur jedem Menschen die Sicherheit gibt, innerhalb seines Kulturkreises mit hoher

Wahrscheinlichkeit verstanden zu werden. Im all-
täglichem Interaktionsgeschehen sind deswegen
durch das gemeinsame kulturspezifische Hinter-
grundwissen keine zusätzlichen Erklärungen nötig. Dies ändert sich jedoch, wenn man auf Angehörige anderer Nationen, Organisationen oder
Gruppen trifft, die eine andere Kultur entwickelt
haben und somit einem anderen Sinn stiftenden
und Bedeutung schaffenden Orientierungssystem
folgen.

## Kulturmodelle und die Entwicklung von der Ausländerpädagogik zu aktuellen Ansätzen interkultureller Pädagogik

Die durch Globalisierung und Migration zunehmende Anzahl an „kritischen Begegnungen"
(ebd.) führte zur Notwendigkeit einer pädagogi-
schen Bearbeitung. So entwickelte sich in den
1960er und 1970er Jahren zunächst die sogenannte
„Ausländerpädagogik", weil die Kinder der Gastarbeiter*innen dauerhaft in Deutschland blieben.
Diese sollte einerseits die Integrationsfrage bear-
beiten, aber zugleich den Erhalt der Rückkehrfä-
higkeit im Auge behalten (Czock 1993). Die vor-
herrschende Defizitorientierung wurde dabei in
einen "kulturalistisch argumentierenden Begrün-
dungsrahmen" (ebd.) eingebettet und damit Integ-
rations- und Schulprobleme auf eine kulturelle
Andersartigkeit zurückgeführt. Solche Vorstellungen schließen an kulturessentialistische Vorstellungen an, die Kultur als abgeschlossenes System

verstehen. Stellvertretend für diese Auffassung kann Hofstede angeführt werden, der Kultur als *„collective programming of the mind that distinguishes the members of one group or category of people"* (2011) versteht. Die Sichtweise auf ausländische Kinder und Jugendliche als hilfsbedürftig, defizitär oder therapiebedürftig sowie die zunehmende Kritik, dass diese „Ausländerpädagogik" einen Beitrag zur „Definition des Ausländer'problems' als sozialer Bedrohung" (Hamburger 1984) leiste, führte zunächst zu einer auf einem Differenzansatz beruhenden interkulturellen Pädagogik, bei der die Wertschätzung der Unterschiede in den Vordergrund gestellt wurde. Aktuellere Vorstellungen interkultureller Begegnung nehmen hingegen eher eine dekonstruktivistische Perspektive ein. Auernheimer schreibt: „Das Programm einer interkulturellen Bildung lässt sich auf zwei Grundprinzipien gründen: auf den Gleichheitsgrundsatz und den Grundsatz der Anerkennung anderer Identitätsentwürfe" (2001). Der Gleichheitsgrundsatz allein kann aus einer Perspektive, die nicht nur von der Gegebenheit kultureller Differenz ausgeht, sondern diese Differenz auch bejaht, nicht zufrieden stellen. Denn die Beschränkung auf Gleichheit tendiert zu einer Benachteiligung durch Gleichbehandlung. „Gerechtigkeit" muss an eine Achtsamkeit für Unterschiede geknüpft sein, weil ansonsten jene benachteiligt werden, die nicht der dominanten Lebensform zugehören (ebd.).

In Abgrenzung hierzu steht das Konzept der Multikulturalität, dass von einem Nebeneinander sowie der Interaktion ebenfalls abgeschlossener Systeme ausgeht. Der Begriff, der erstmals Ende der 1950er Jahre auftauchte, hatte zunächst eine positive Konnotation, die die Vielfalt von Sprachen und Kulturen als eine Gelegenheit zu Bereicherung und Beteiligung betrachtete und dabei insbesondere multilinguale Gesellschaften, wie Kanada oder die Schweiz, in den Blick nahm (Chin 2019). Die Idee eines Nebeneinanders erwies sich als nicht auf die großen europäischen Staaten übertragbar. Ausdruck dieses Scheiterns war eine Rede von Bundeskanzlerin Angela Merkel im Oktober 2010, in der sie den Multikulturalismus als einen absoluten Fehler bezeichnete und in den Folgemonaten die Regierungschefs von Großbritannien und Frankreich David Cameron und Nicolas Sarkozy diese Aussage übernahmen, obwohl wie Chin diagnostiziert, in keinem der großen europäischen Ländern ein politischer Multikulturalismus auf der politischen Agenda gestanden hätte (ebd.). Zusammen mit der „Antidiskriminierungspädagogik", einem Ansatz der die institutionelle Diskriminierung von Migrant*innen aufgrund ihrer kulturellen Zugehörigkeit beschreibt (Nohl 2006), lassen sich alle bisher vorgestellten Konzepte auf die Schlagworte Defizit, Differenz und Diskriminierung (ebd.) reduzieren. Sie eint, dass durch die Zuschreibung einer Kultur des Anderen gesellschaftliche Ausschlüsse kulturalisiert werden (Knappik und Mecheril 2018).

Eine deutlich andere Perspektive wählt Welsch (1997), der von Transkulturalität spricht und Kultur als veränderbares und durchdringendes Konstrukt beschreibt. Ausgangpunkt des Mitte der 1990er Jahre erstmals formulierten Konzepts sind drei Kritikpunkte am von ihm klassisch genannten Kulturbegriff: die behauptete Homogenität und Einheitlichkeit der Kultur, die empirisch in einer globalisierten Welt allseitiger und vielfältiger Grenzüberschreitung widerlegt sein, die „völkische" Fundierung von Kultur und schließlich die begriffsarchitektonisch für den Erhalt der Einheit der (eigenen) Kultur erforderliche Imagination des Außen und des Fremden, die in der Logik des klassischen Kulturverständnisses ebenfalls homogen und „völkisch" fundiert gedacht werde und werden müsse. „Zusammengefasst: Das klassische Kulturmodell ist nicht nur deskriptiv falsch, sondern auch normativ gefährlich und unhaltbar. Der Abschied von diesem Konzept ist in jeder Hinsicht angezeigt. Heute gilt es, die Kulturen jenseits des Gegensatzes von Eigenkultur und Fremdkultur zu denken" (ebd.) und somit nicht mehr vom Aufeinandertreffen in sich abgeschlossener kulturell geprägter Gruppen auszugehen. Wenn Multikulturalität ein Konzept ist, dass das Bild einer additiven Pluralität befördert, Interkulturalität hingegen das Bild interagierender Pluralität, dann ver-

weist Transkulturalität etwa im Ansatz der transkulturellen Pädagogik auf sich überlagernde Pluralität. (Mecheril 2020). Diese wird mit der in
jüngster Zeit diskutierten postmigrantischen Perspektive (Foroutan 2018) deutlich, in der eine Gesellschaft beschrieben wird, die durchdrungen ist
von Erfahrungen nach Migration.

## Kultur als Praxis

Die zentrale Annahme ist, dass es nicht mehr
um Migration, sondern um gesellschaftspolitische
Aushandlungsprozesse geht, die nach der Realität
gewordenen Migration erfolgen (Foroutan 2015).
Im Mittelpunkt der Diskussion steht also nicht
mehr das Aushandeln zwischen den Kulturen,
sondern der Umgang mit Ambiguität und Hybridität (ebd.). Im Zuge des *postmodern turn* stehen
Ambiguität und Hybridität für eine Abkehr vom
binären Code der Moderne. Wurde bisher Identität
aus einer eindeutigen Zuordnung zu einer Gruppe
abgeleitet, werden Identitäten in der Postmoderne
mehrfach und multipel gedacht (ebd.). Eine interkulturelle Pädagogik steht dann vor der Herbaus-
forderung, wie sie statische Ansichten auf identitäre Kernnarrationen wie Kultur oder Nation mit
den damit einhergehenden Exklusionsmechanismen überwindet statt bestärkt. Foroutan weist dabei auf Überwindungshürden hin, „während die
deutsche Identität als etwas Exklusives angeboten
wird, dessen Erlangung mit Hürden wie Sprach-
kompetenz, Landeskunde und Absage an ehema-

lige Herkunftsländer verbunden wird, ist nach Erlangung dieses „Ritterschlags" weder die Anerkennung durch die autochthone Gesellschaft noch eine authentische Verbundenheit mit dieser nationalen Identität gewährleistet" (Foroutan 2010). Menschen mit Migrationshintergrund wird somit die fraglose Zugehörigkeit und Authentizität verwehrt, wenn sie durch äußere Zuschreibung als nicht-deutsch gesehen werden, was immer „Deutschsein" heutzutage auch sein mag (ebd.).

In der kulturwissenschaftlichen Praxis bieten sich mit dem Modell von „Kultur als Diskurse" und dem Modell von „Kultur als Praktiken" zwei Optionen an (Reckwitz 2011). „Kultur als Diskurse" vollzieht eine resolute Dezentrierung des Subjekts und rechnet Sinnsysteme außerhalb mentaler Eigenschaften eindeutig der Ebene von Diskursformationen oder Symbolen und Zeichen zu. Die spezifische symbolische Organisation der Wirklichkeit wird durch eine kulturwissenschaftliche Analyse, entweder als Diskursanalyse oder als semiotische Analyse erschlossen. Dies geschieht von den Subjekten abstrahiert, die erst in den spezifischen Codes dieser Diskurse bzw. Symbolsysteme als Subjekte definiert werden (ebd.). Diesem textualistischen Kulturverständnis stehen neuere Kulturtheorien gegenüber, die die symbolischen Ordnungen der Kultur auf der Ebene körperlich verankerter Artefakte und von außen wahrnehmbaren sozialen Praktiken verorten. Als kleinste

Einheit kulturwissenschaftlicher Analyse stellen sich demnach weder mentale Kategorien noch Diskurse, sondern soziale Praktiken dar (ebd.), die als *"temporally unfolding and spatially dispersed nexus of doings and sayings"* (Schatzki 1996) zu verstehen sind.

Für die Praxistheorie sind Subjekte in all ihren Merkmalen Produkte historisch und kulturell spezifischer Praktiken. Da sie nur innerhalb des Vollzugs dieser sozialen Praktiken existieren, besitzen sie folgerichtig keine kulturelle Disposition oder einen authentischen Kern (Reuter 2004). Durch den seit Mitte der 1980er Jahre in der Soziologie vollzogenen *cultural turn* rückt Kultur als grundlegendes Phänomen sozialer Ordnung in den Mittelpunkt. Im Gegensatz zu früheren Ansätzen, die einer „Substanzialisierung, Totalisierung und Territorialisierung von Kultur Vorschub leisteten" (Hörning und Reuter 2004) wird Kultur nun verstärkt als Prozess und als Relation verstanden. Im Vordergrund steht das *doing culture* als Sammelbegriff pragmatischer Verwendungsweisen wie *doing gender, doing knowledge, doing identity*, oder *doing ethnicity* und somit die Betrachtung von Kultur in ihrem praktischen Vollzug, wobei sich auch Fragen der Reproduktion von Kultur sowie nach ungleicher Verteilung oder Handhabung stellen (ebd.). Ein praxeologisch ausgerichtetes Kulturverständnis stellt sich hier „in Opposition zu einem anthropologischen, homogenisierenden Kulturmodell, welches Kultur als eine Sphäre geteilter Normen und Werte oder als ein kollektives Symbolsystem betrachtet, das einem Kollektiv als Ganzem zugeordnet wird und dem ‚separatistisch‘ wiederum andere Kollektive mit anderen ‚Kulturen‘ gegenübergestellt werden" (Reckwitz 2003). Diese Sichtweise stellt klassische interkulturelle Schulungsansätze in Frage. Multikulturalität präsentiert sich nun paradigmatisch nicht in der Konfrontation intellektueller Sinnsysteme, sondern in den Praktiken des Konsums, der Arbeit, von Familie, Nachbarschaft und peer-group, in denen Elemente unterschiedlicher Kulturen miteinander in Berührung kommen. Laut Reckwitz, der in diesem Zusammenhang auf Bhabhas Hybridisierung (Bhabha und Bronfen 2011) verweist, entstehen durch die bricolage-förmige Überlagerung und Kombination unterschiedlicher Komplexe von Praktiken und ihres Hintergrundwissens neuartige, kulturelle Werkzeuge (Reckwitz 2003).

## Modelle interkultureller Kompetenz

Es gibt zahlreiche Überlegungen, interkulturelle Kompetenz zu erfassen und zu kategorisieren. Der Kompetenzbegriff ist auf beobachtbares, empirisch messbares Spezialwissen ausgelegt, weswegen er von Kritiker*innen als Gegenentwurf von Bildung stilisiert wird (Pfadenhauser und Kunz 2012). Mit der Verwendung des Kompetenzbegriffs zielt man jedoch nicht auf das subjektive Vermögen, sondern „objektivierte Leistungen, Produkte und Äußerungen, das heißt die Performanz, das Auftreten, die Selbstpräsentation eines Subjekts" (ebd.). Grundsätzlich lassen sich Listen-, Stufen und Phasenmodelle interkultureller Kompetenz unterscheiden. Bei den Listenmodellen wird der Kompetenzbegriff in verschiedene Teilfertigkeiten zerlegt, die nicht hierarchisch geordnet sind. Struktur- und Prozessmodelle teilen die interkulturelle Kompetenz in die drei Bereiche der affektiven, der kognitiven und der behavioralen (bzw. konativen) Kompetenzen auf, während Phasen- oder Stufenmodelle den Erwerb interkultureller Kompetenz als einen Entwicklungsprozess beschreiben. In der euroamerikanischen Literatur lassen sich laut Bolten (2018) zwei wissenschaftshistorisch aufeinander aufbauende Forschungsrichtungen unterscheiden. Die ältere ist strukturellen Denkmustern verpflichtet, während jüngere Arbeiten eher zu einem ganzheitlich-prozessualen Verständnis von interkultureller Kompetenz tendieren.

## Listenmodelle

Listenmodelle haben sich seit den 1950er Jahren, zunächst abgeleitet an Persönlichkeitsmerkmalen erfolgreicher Expatriates entwickelt und sich zu immer komplexeren Typologien entwickelt (ebd.). Trotz einer gewissen Beliebigkeit und Unabgeschlossenheit dieser additiven Vorgehensweise hat sich im Rahmen interkultureller Trainings mit der Zeit ein relativ stabiler Merkmalskern herauskristallisiert. Bolten zählt hierzu unter anderem *empathy*, *tolerance for ambiguity*, self-*oriented role behaviour*, *cultural awareness*, *open-mindness* oder *respect for cultural differences*. Seit den 1990er Jahren haben sich Strukturmodelle interkultureller Kompetenz entwickelt, die eine Systematisierung der Merkmalslisten vornehmen. So unterteilen Müller und Gelbrich interkulturelle Kompetenz in affektive, kognitive und konative (verhaltensbezogene) Teilkonstrukte (ebd.). Um Aussagen über den Zusammenhang von interkultureller Kompetenz und Auslandserfolg treffen zu können, haben Müller und Gelbrich dieses Strukturmodell im Jahr 2001 zudem um „Effektivität" und „Angemessenheit" als „Außenkriterien" interkultureller Kompetenz ergänzt. Interkulturelle Kompetenz bezeichnet dann die Fähigkeit, mit Angehörigen anderer Kulturen "effektiv und angemessen zu interagieren" (Müller und Gelbrich 2014), eine Formulierung, die sich ähnlich bei Deardorff findet, wonach interkulturelle Kompetenz die Fähigkeit ist, „effektiv und angemessen in interkulturellen Situationen zu kommunizieren, auf Grundlage eigenen interkulturellen Wissens, eigener Fähigkeiten und Einstellungen" (Deardorff 2006b). Obwohl hier weitgehend offen bleibt, was genau unter „Effektivität" oder „optimaler Zielerreichung" zu verstehen ist, sieht sich eine an einer erfolgreichen Zielerreichung der Interaktionspartner ausgerichtete Definition Manipulationsvorwürfen ausgesetzt, da die Gefahr der Instrumentalisierung interkultureller Kompetenz zur Durchsetzung eigener Vorteile bestehen bzw. sich als Vorteile des jeweils mächtigeren Interaktionspartners manifestieren (Rathje, 2006). Bolten (2018) bemängelt, dass auch Strukturmodelle vielfach synthetisch-additiv gedacht werden, obwohl sich interkulturelle Kompetenz eher als Produkt des permanenten Wechselspiels und der Interdependenzen dieser Komponenten beschreiben lässt.

**Prozessmodelle**

In den sogenannten Prozessmodellen lässt sich interkulturelle Kompetenz demnach als Zusammenspiel unterschiedlicher Teilkompetenzen verstehen, die in Anlehnung an die drei Domänen des Strukturmodells von Müller und Gelbrich ausgebildet werden. Jede Teilkompetenz speist sich aus emotionalen Eindrücken, Wissen und Verhaltensintentionen, die durch eine wiederholte Reflexion der Wahrnehmung von Andersartigkeit in interkulturellen Überschneidungssituationen im Rahmen eines individuellen Lernprozesses ausdifferenziert werden. In der Tradition der Prozessmodelle lässt sich interkulturelle Kompetenz somit als anwendungsbezogener Spezialfall allgemeiner Handlungskompetenz verstehen, der sich aus einem kontextbezogenen Zusammenspiel domänenspezifischer Kompetenzbereiche ergibt (Ringeisen, Genkova & Schubert, 2016).

Interkulturelle „Kompetenz" (von lat. *competere*: „zusammenbringen") ist dementsprechend keine fünfte Kompetenz neben Personalkompetenz, Sozialkompetenz, Fachkompetenz und Methodenkompetenz, sondern zeigt das Zusammenspiel affektiver, kognitiver und konativer Komponenten (Bolten 2018). Die immer wieder als signifikant beschriebenen Merkmale interkultureller Kompetenz wie Empathie, Rollendistanz, Ambiguitätstoleranz oder (Meta-) Kommunikationsfähigkeit bestimmen laut Bolten ausnahmslos auch den Handlungserfolg in Kontexten, die nicht durch kulturelle Überschneidungssituationen gekennzeichnet sind und die dementsprechend auch nicht als interkulturell bezeichnet werden. Es liegt nahe, dass sich die beiden Konstrukte überschneiden, und dass die Grenze zwischen „(Intra-) Kulturalität" und „Interkulturalität" nicht binär trennscharf, sondern im Sinne mehrwertiger Logiken *„fuzzy"*, unscharf, gedacht werden muss (Bolten 2011). Ein entsprechend *„fuzziges"* Verständnis von interkultureller Kompetenz orientiert sich vor allem an den graduellen Ausprägungen von (Un-) Plausibilität, (Un-) Sicherheit sowie Vertrautheit/ Fremdheit, mit denen Akteurinnen und Akteure in konkreten Handlungskontexten konfrontiert sind. Es geht demnach nicht darum interkulturelle Kompetenz als eigenständigen, fünften Teilbereich von Handlungskompetenz zu verstehen, sondern um die Realisierung eines kontextangemessenen Zusammenspiels in Form einer „Transferkompetenz" (ebd.) aus persönlichen, sozialen, methodischen sowie sachlichen/fachlichen Handlungskompetenzen. Wenn Entscheidungen in der Regel inhaltlich *„fuzzy"*, und eben nicht grundsätzlich „richtig" oder „falsch" sind (Bolten 2018), muss auch die zu erwerbende Kompetenz *„fuzzy"* gedacht werden.

## Phasenmodelle

Zur Vollständigkeit sei hier noch eine weitere Form der Kategorisierung erwähnt, die sogenannten Phasen – oder Stufenmodelle, bei denen der Erwerb von interkultureller Kompetenz als Lernprozess verstanden wird. So beschreibt Bennett ein *"continuum ... divided into six „stages of development'"* (1986), womit er darauf hinweist, dass diese Stufen nicht zwangsläufig als prozesshafte Abfolge zu verstehen sind. Die Entwicklung interkultureller Kompetenz bzw. *intercultural sensitivity* lässt sich jedoch aufsteigend von den ethnozentrierten Stufen (Leugnung, Abwehr, Minimisierung) zu ethnorelativen Stufen (Akzeptanz, Anpassung, Integration) kategorisieren (ebd.). Bennetts Modell wird häufig zur Operationalisierung von interkulturellen Lernergebnissen eingesetzt, z.B. in der Studie „Deutsch Englisch Schülerleistungen International" (DESI), die im Jahr 2001 von der Kultusministerkonferenz als erste große deutsche Schulleistungsstudie in Auftrag gegeben wurde (Göbel 2008). Auch das Kompetenzmodell von Deardorff wird den Phasenmodellen zugerechnet, da es mit dem Ziel erstellt wurde, den besten Weg zu finden, um interkulturelle Kompetenz zu bewerten (Deardorff 2006a). Sie hatte in einer Delphi-Studie unter amerikanischen interkulturellen Forschenden einen aus 22 Punkten bestehenden Katalog interkultureller Kompetenzen erarbeitet, den sie in drei Kategorien zusammenfasst: (1) Haltung und Einstellungen, (2) Wissen und Fähigkeiten und (3) interne und externe Konsequenzen.

Insgesamt lässt sich ein komplexes Feld an Definitionen und Kompetenzvorstellungen feststellen. Diese Komplexität hat die UNESCO im Bild eines „*Intercultural Competences Tree*" zusammengefasst. Der Baum hat Kultur und Kommunikation als Wurzeln, kulturelle Vielfalt, Menschenrechte sowie interkulturellen Dialog als Stamm. Die fünf Zweige stellen die Operationalisierungen, gleichsam den Plan zur Umsetzung interkultureller Kompetenz – bestehend aus Klärung, Vermittlung, Förderung und Umsetzung interkultureller Kompetenz dar. Die Blätter repräsentieren verschiedene Arten, wie interkulturelle Kompetenz in konkreten Zusammenhängen verstanden oder artikuliert werden kann (Leeds-Hurwitz 2013).

# Analyse des Untersuchungsgegenstandes

Das Verständnis von Kultur und interkultureller Kompetenz ist, wie gezeigt, also in hohem Maße von pragmatischem Vorverständnis, historischer Einbettung und kontextuellem Zusammenhang abhängig. Im nächsten Schritt geht es darum, dieses doch recht breit angelegte Verständnis interkultureller Kompetenz auf den Untersuchungsgegenstand anzuwenden. Hierzu soll der Zusammenhang von Zielgruppe bzw. den Adressat*innen und dem Verständnis interkultureller Kompetenz exemplarisch an zwei verschiedenen Trainings- bzw. Schulungsmanualen untersucht werden. Hierbei handelt es sich um das Ausbildungskonzept Xpert Culture Communication skills® (Roth und Köck 2011) sowie einen Sprachkurs im Rahmen eines Integrationskurses mit dem Lehrbuch Pluspunkt Deutsch (Goethe Institut e.V. 2016; Schote und Weimann 2016). Die zugrunde liegenden Lehrwerke sollen kleinteilig mittels einer qualitativen Inhaltsanalyse ausgewertet werden. Nachfolgend wird zunächst der Untersuchungsgegenstand vorgestellt, danach das methodische Vorgehen beschrieben und schließlich die Untersuchungsergebnisse präsentiert.

# Deskriptive Darstellung des Untersuchungsgegenstands

Die Bücher bzw. Lehrgänge richten sich an verschiedene Zielgruppen, bewusst wurden zwei Gestaltungssituationen gewählt, die diametrale Positionen darstellen. Das Programm Xpert Culture Communication skills®, das durch spezielle Zielgruppenlehrbücher für Verwaltung (Roth und Sterzenbach 2017) oder Pflegepersonal (Roth und Ettling 2014) ergänzt wird, hat eine eher breite Zielgruppe in der Erwachsenenbildung. Konzipiert wurde der Lehrgang für die Schulung Mitarbeitender „in den Berufsfeldern Verwaltung, Behörde, Gesundheit und Pflege, Bildung und Soziales sowie zur Weiterbildung von Beschäftigten kleiner und mittelständischer Unternehmen" (Roth und Bassenhorst 2014). Zielgruppe von Integrationskursen und Sprachkursen Deutsch als Zweitsprache sind hingegen Migrant*Innen, die erst kürzlich in Deutschland angekommen sind. Der Blick in Lehrbücher scheint lohnenswert, da Gomolla und Radtke (2009) vermuten, dass Wissen über Kultur und Identität, basierend auf dem Deutungsangebot der interkulturellen Pädagogik, die Organisation Lehrbetrieb über zwei Kanäle erreicht. Einerseits wurden sie in den 1980er Jahren Bestandteil der Aus- und Fortbildung von Lehrenden, andererseits seit den 1990 Jahren Schulbuchwissen. Als „Prototyp institutionalisierten Wissens, das in einem formalisierten und administrativ kontrollierten Genehmigungsverfahren sozial gültig gemacht wird" versorgen Schulbücher (mit den dazu gehörigen Handbüchern) die Lehrenden mit Deutungsmustern aus dem Diskurs über Ausländer*innen. Sie verweisen auf das „Wissen, das die Gesellschaft, repräsentiert durch das pädagogische Establishment, für geeignet hält, die Selbstbeschreibung der Gesellschaft und ihrer Probleme zu übernehmen" (ebd.).

Pluspunkt Deutsch ist das Kursbuch im Rahmen für einen an Migrant*innen eigenständig oder im Zusammenhang mit einem Integrationskurs adressierten Sprachkurs. Im Vordergrund steht demnach die Sprachvermittlung. In der vom Goethe Institut erarbeiteten Konzeption des Bundesamts für Migration und Flüchtlinge (BAMF) für die Kurse Deutsch als Zweitsprache (DaZ) heißt es:

*Ziel der Integrationskurse, als Kern staatlicher Integrationsmaßnahmen und -bemühungen, ist die Förderung der Integration von Migrantinnen und Migranten im Sinne gesellschaftlicher Teilhabe und Chancengleichheit. Gute Sprachkenntnisse der Mehrheitssprache sind ein unabdingbares Instrument, dem Ziel der gleichberechtigten Teilhabe und Chancengleichheit näher zu kommen. Sie steigern die Chancen zur Integration in den Arbeitsmarkt und sind die Grundlage für eine erfolgreiche Bildungskarriere. Der Erwerb von deutschen Sprachkenntnissen wird als wesentliche Grundlage der Integration verstanden (Bundesamt f. Migration u. Flüchtlinge 2007).*

Für die Qualifikation werden vier Ziele benannt, nämlich die die Verbesserung der Voraussetzungen für die Teilnahme der Zugewanderten am (1) sozialen Leben, (2) am Erwerbsleben, (3) am gesellschaftlichen Leben und (4) am kulturellen

Leben in der Bundesrepublik Deutschland. Um diese Ziele in die Wirklichkeit umsetzen zu können, sind jedoch laut Bundesamt für Migration und Flüchtlinge (2007) noch andere Ziele zu erreichen, die in den DaZ-Unterricht integriert sein müssen, wie z.B. die Förderung der Fähigkeit zu interkulturellem Lernen. Neben dem interkulturellen Lernen wird dem Spracherwerb eine besondere Bedeutung zugeschrieben:

*Sprachliche und kulturelle Vielfalt ist heutzutage in Deutschland der Normalfall. Interkulturelles Lernen ist deswegen eine notwendige Reaktion auf diese Realität. Die Lerner bringen ihre eigene Lebenswelt, ihre kulturelle Sozialisation, ihre Erlebnisse und Erfahrungen in der konkreten Wirklichkeit sprachlicher und kultureller Verschiedenheit in den Unterricht ein. Das Anknüpfen an das kulturell andere Vorwissen der Lerner bringt die vorhandenen Vorerfahrungen und Weltdeutungen zum Ausdruck und zur Sprache. Da Sprache nicht nur Mitteilung ist, sondern auch Ausdruck und Wertung von Weltsicht, bietet die Konfrontation mit einer neuen Sprache auch die Möglichkeit, die eigene, bislang meist als einzige Norm empfundene, Sprach- und Wertehaltung zu überprüfen und zu erweitern. Dies hilft, interkulturelle Missverständnisse abzubauen und fördert Sensibilität, Verstehen und persönliche Weiterentwicklung. Interkulturelles Lernen ist also eine der Voraussetzungen für die Integration. (Bundesamt für Migration und Flüchtlinge 2007).*

Der Kurs ist dabei entlang der Sprachniveaus A1, A2 und B1 aufgebaut und besteht jeweils aus Kursbuch (Jin und Schote 2015b, 2016b; Schote und Weimann 2016) und Arbeitsbuch (Jin und Schote, 2015a, 2016a, 2016c) Zusätzlich stehen Handreichungen für den Unterricht zur Verfügung, die u.a. Tipps zur Unterrichtsgestaltung, Hinweise zur Binnendifferenzierung und ergänzende landeskundliche Informationen enthalten (Schote 2016). Als Ergänzung der Buchreihe dient das Lehrbuch Orientierungskurs (Schote 2017), zu dem es ebenfalls ergänzende Unterlagen gibt. Die Sprachkurse und der Orientierungskurs sind Teil des Integrationskurses für Zugewanderte. Während beim Sprachkurs der Erwerb von Deutschkenntnissen auf dem Sprachniveau B1 das Hauptziel ist, dient der Orientierungskurs „der Vermittlung von Kenntnissen der Rechtsordnung, der Kultur und der Geschichte in Deutschland" (Bundesamt für Migration und Flüchtlinge 2017).

# Methodisches Vorgehen

Um die gewählte Fragestellung zu beantworten wurde das zu untersuchende Material einer qualitativen Inhaltsanalyse nach Mayring oder wie dieser präzisiert einer kategoriengeleiteten Textanalyse (Mayring 2015) unterzogen. Diese will Kommunikation als fixierte Kommunikation analysieren, dabei systematisch, regel- und theoriegeleitet vorgehen und verfolgt das Ziel, Rückschlüsse auf bestimmte Aspekte der Kommunikation, z.B. die Absichten des Senders oder die Wirkungen beim Empfänger abzuleiten (ebd.). Insoweit scheint Sie dem Ziel dieser Arbeit, Aussagen über die Intentionen und das Kompetenzverständnis der Sender, also der Schulungsunterlagen zu generieren, angemessen. Es wurde nach der von Mayring vorgeschlagenen neunstufigen Vorgehensweise vorgegangen. Während Mayring in den Stufen 1-7 die Rahmenbedingungen der Auswertung festlegt, wird in der achten Stufe das auszuwertende Material durch Paraphrasierung, Generalisierung und Reduktion verringert, durch Explikation verständlich gemacht und schließlich durch Strukturierung analysiert (Atteslander und Cromm 2003). Aus den ausgewählten Lehrbüchern wurden nach intersubjektiv nachvollziehbaren Kriterien exemplarische Textstellen ausgewählt. Die Texte sollten eine Handlungs- oder Interaktionssituation darstellen und mind. 100 Wörter umfassen. Anschließend wurden diese 182 Textstellen aus dem Lehrbuch Interkulturelle Kompetenz (Roth und Köck 2011) und 553 Stellen, die aus den Pluspunkt Deutsch Kursbuch B1 entnommen wurden, paraphrasiert, reduziert und in einem Codesystem kategorisiert. Die Beschränkung auf das B1 Niveau erfolgte zum einen aus zeitlich-pragmatischen Gründen, zum anderen in der Vermutung, dass bei einem höheren Sprachniveau interkulturelle Fragestellungen deutlicher dargestellt werden können. Kuckartz (2018) weist auf die Gefahr von problematischen, weil fehlerhaften Paraphrasierungen und Generalisierungen hin, die bei Anwendung dieser Vorgehensweise besteht. Sie scheint jedoch angemessen zu sein, da hier keine Kategorisierung am Material entwickelt wurde, sondern die Textfragmente einer Kategorisierung in Anlehnung an das Kompetenzmodell von Daerdorff (2006a, 2006b, 2020) unterzogen wurde. Dieses Modell wurde gewählt, da es zum einen aktuelle Relevanz besitzt, wenn es z.B. 2020 in Publikationen der UNESCO verwendet wird (Daerdorff 2020). Andererseits scheint es durch die unterschiedliche Darstellung in Form eines Listen-, Pyramiden- und Phasenmodells gut geeignet, verschiedene Aspekte von interkultureller Kompetenz abzubilden. So veranschaulicht das Pyramidenmodell, welchem das Eisbergmodellprinzip der Kultur zugrunde liegt und das beobachtbare von nicht sichtbaren Komponenten trennt, die Lage der interkulturellen Kompetenzen (Wille 2016). Das Fundament stellen Haltungen und Einstellungen, wie Respekt, Neugier oder Offenheit dar. Die zweite Ebene bildet die gegenseitige Beziehung von Wissen und Fähigkeiten: u.a. kulturelle Selbstreflexion, Kulturverständnis, Beobachten und Interpretieren. Daraus lassen sich interne Wirkungen, wie zum Beispiel der Perspektivwechsel, die Anpassungsfähigkeit oder die Empathie ableiten. Infolgedessen ergeben sich wiederum externe Wirkungen; effektives und angemessenes Verhalten und Kommunikation in interkulturellen Gegebenheiten (Deardorff 2006a; Wille 2016). Zur Verdeutlichung und zur Kategorienbildung wurde ein Abgleich und eine Ergänzung mit einem von Bolten (2007a) erstellten Listenmodell vorgenommen, welches keine Strukturierung oder Hierarchisierung vorsieht. Zunächst wurden die erstellten Subkategorien an den Text angelegt und diese dann auf die Hauptkategorien abstrahiert. In einem weiteren Schritt wurden dann die Ergebnisse der beiden Strukturierungen gegenübergestellt. Nach Mayring dürfen theoretische Strukturierungen, Hypothesen und methodische Verfahren nicht den Blick auf den Untersuchungsgegenstand versperren, sondern muss die Aufmerksamkeit von Anfang an auf Neues und Unerwartetes gerichtet bleiben. Je offener ein Vorgehen jedoch ist, "desto genauer muss beschrieben werden, wie im Einzelnen Schritt für Schritt, der Forschungsprozess ablief. Jede einzelne Verfahrensweise muss expliziert und dokumentiert werden" und das Verfahren nach begründeten Regeln ablaufen (Mayring 1999).

## Analyse und Beantwortung der Forschungsfrage

Bei der Analyse zeigt sich, dass sich beide Bücher strukturell deutlich unterscheiden. Verbleibt man zunächst in der Betrachtung der obersten von Deardorff (2006a; 2020) beschriebenen Ebenen

- o Haltungen und Einstellungen (z.B. Ambiguitätstoleranz, Diversität)

o Handlungskompetenz (z.B. Kommunikations- und Konfliktlösungsfähigkeit)

o Interne Wirkung (z.B. Reflexionsfähigkeit)

o Externe Wirkung (z.b. Regelverletzung)

zeichnet sich bei Pluspunkt Deutsch eine herausragende Häufung der zweiten Ebene (599 Kodierungen) ab. Dies ist nicht auf die hier verortete
Fremdsprachenkompetenz zurückzuführen, die
nur kodiert wurde, wenn das Sprachen lernen explizit im Dialog verwendet wurde. Der überwiegende Teil (459 Kodierungen) fällt in die Subkategorie „umfassendes Wissen und Verständnis für
(Eigen- und Fremd-) Kultur". Ursächlich hierfür
ist, dass fast jede Situation mit der Vermittlung
von deutschen Alltagspraxen zu tun hat. Dies ist
zum einen vom Befund her richtig, aber zudem als
Ergebnis relevant, da die Auswahl der gewählten
Praxen nicht zufällig erscheint. So werden z.B. in
Deutschland statistisch eher untypische Lebensformen wie eine Mehrgenerationenfamilie oder ein
Hausmann vorgestellt.

Insgesamt wird die Vermittlung von Handlungskompetenz sehr normativ angelegt, was
durch die Reduktion und Paraphrasierung deutlich wird. Die häufigsten Tätigkeiten, die mit „umfassendes Wissen und Verständnis für (Eigen- und
Fremd-) Kultur" kodiert werden, lesen sich dann
z.B., wie in den folgenden Tabellen dargestellt:

**Tabelle 1: Paraphrasierung Beispiel Ausbildung**

| |
|---|
| Technische/r Übersetzer*in ist ein Beruf, bei dem man viel Fach- und Sprachkompetenz braucht |
| Nach dem Studium zunächst ein Praktikum |
| Im Beruf mit Kolleg*innen und Technik umgehen |
| seit Kind Berufswunsch |
| Ausbildung ein langer und stressiger Weg |
| für die Examensprüfungen muss man viele Stunden lernen |
| nach dem Examen noch ein praktisches Jahr |

*(Studienanlage 2, Pos. 22/23)*

**Tabelle 2: Paraphrasierung Beispiel Lernen**

Eine Fortbildung häusliche Pflege machen

Vor der Prüfung lernen

Mit einer Online-Fortbildung kann man Beruf, Familie und Fortbildung gut verbinden

Lernen am Computer oder von unterwegs

Lehrende unterstützen bei Fragen

Austausch mit Mitlernenden als Unterstützung

E-Learning ist zeitlich flexibel

Am Ende gibt es (natürlich) ein Zertifikat

Ein Zertifikat gibt es, wenn man die Prüfung besteht

Nach dem Sprachkurs einen Ausbildungsplatz suchen

Auf der Webseite Informationen über den Arbeitgeber finden

Tipps für eine Bewerbung von dort Beschäftigten erhalten

Eine Arbeit kann auch stressig sein

Es gibt Ärger, wenn viel Arbeit da ist und man nicht pünktlich fertig wird

Wenn viel Arbeit da ist, ist es ein gutes Zeichen

Stress und Probleme sind in jeder Firma normal

Interesse an einer guten Ausbildung haben

*(Studienanlage Pos. 47/48)*

Selbst wenn man diese häufigste Subkategorie aus der Übersicht entfernt, zeigt sich ein unverändertes Bild. Im Vordergrund steht für die Zielgruppe ankommende Migrant*innen die Integration und Anpassung. Reflexive Fähigkeiten, ein Bezug zur eigenen Kultur oder die Aufarbeitung von Dissens sind kaum vorgesehen. Der deutlichste Gegensatz zwischen deutscher und nichtdeutscher Kultur wird dabei am Thema Müll vorgenommen, wie die nun folgende Tabelle 3 aufzeigt.

**Tabelle 3: Paraphrasierung Beispiel Dissens**

Es gibt je nach Gemeinde unterschiedliche Müllvorschriften

es gibt viele verschiedene Mülltonnen

in Jordanien gibt es nur eine Mülltonne

Anerkennung, wenn man sich mit Mülltrennung auskennt

Mülltrennung muss man lernen

Mülltrennung ist eine kleine Wissenschaft

Es gibt einen Abfallkalender

Man sammelt Schadstoffe für das Recycling / die Entsorgung

*(Studienanlage 2, Pos. 74)*

Hier steht also ebenfalls die Anpassung im Vordergrund, denn der handelnde Jordanier erhält dafür, dass er sich so gut auskennt, Lob und Anerkennung.

Im Lehrbuch Interkulturelle Kompetenz ergibt sich ein deutlich anderes Bild. Die oben dominanten Subcodes kommen deutlich seltener vor. Am häufigsten waren aus der Kategorie Interne Wirkungen: Reflexionskompetenz die Subkategorie Relativierung der ethnozentrierten Sicht (19 von 159) sowie die Subkategorie Kulturelle Selbstreflexion aus der Kategorie Handlungskompetenzen (17 von 159) anzutreffen. Es zeigt sich somit ein deutlicher Trend zu reflexiven Themen, einen typischer Paraphrasensatz stellt Tabelle 4 dar.

**Tabelle 4: Paraphrasierung Beispiel kulturelle Selbstreflexion**

unterschiedliches Erleben von Kritik und Aggressivität

Unterschiede zwischen Kulturen wahrnehmen

die eigene Kultur als Maßstab für die Unterscheidung nehmen

Unterschiede in der Kultur werden bewertet, die eigene Kultur fortschrittlicher gesehen

Unterschiede im persönlichen Umgang miteinander zwischen unterschiedlichen Kulturen bemerken

unterschiedliche Alltagspraxen feststellen

Unterschiedliche Alltagspraxen können als beleidigend empfunden werden

Begrüßungsformen können sich zwischen den Kulturen unterscheiden

*(Studienanlage 2, Pos. 8/9)*

Einige wenige Male berührt das Buch auch die vierte Kategorie Externe Wirkung: Konstruktive Interaktion, die Daerdorff im Sinne eines Phasenmodells als höchste Zielkompetenz ansieht, auch wenn diese Kompetenz nicht im Sinne einer erfolgreichen Zielerreichung eingeführt wird.

**Tabelle 5: Paraphrasierung Beispiel Konstruktive Interaktion**

Schulleistungen einer Schülerin werden schwächer

Lehrerin erfährt von arrangierten Hochzeitsplänen

Der türkische Vater scheint Unterstützung für die Pläne von der Lehrerin zu erwarten

Die Lehrerin ist wütend und empört und bricht das Gespräch ab

*(Studienanlage 2, Pos. 44):*

Insgesamt zeigt sich das interkulturelle Training in der Verteilung der Hauptkategorien weit ausgewogener als Pluspunkt deutsch, zudem werden tatsächlich fast alle Subkategorien aus dem Deardorff Modell angesprochen.

Resümierend kann man anhand dieser Befunde die Forschungsfrage klar beantworten. Es gibt einen deutlich sichtbaren Zusammenhang zwischen Adressierung und Konzeption einer interkulturellen Schulungsmaßnahme. Je differenter die Zielgruppe von der vermuteten Binnengesellschaft verortet sind, umso deutlicher tritt die Vermittlung von zu erbringenden Handlungskompetenzen in den Vordergrund. Umgekehrt werden eher reflexive Fähigkeiten betont, wenn Vertreter*innen der Mehrheitsgesellschaft der Minderheit oder dem Fremden begegnen. Beide Programme eint somit, dass sie zu einer ethnozentrierten Sichtweise neigen, selbst wenn dieser Ethnozentrismus bei *Culture Communication* skills® häufig thematisiert wird. Die Reflexionsleistung, die in den Beispielen überwiegend von Vertreter*innen der Mehrheitsgesellschaft, wie Lehrer*innen, Sozialarbeiter*innen oder Geschäftsleuten erbracht wird, ist notwendig, um die Differenten zu verstehen.

Roth ist dabei bewusst, dass das von ihr entscheidend mitgeprägte Programm eine Reduktion vornimmt. Zwar nimmt sie das Thema Transkulturalität wahr, geht aber davon aus, dass für die meisten Menschen das kulturell Eigene Sicherheit und Halt bietet. Für diese Menschen gibt sie das Erlernen eines reflektierten und toleranten Umgangs mit kultureller Differenz als vorrangiges Lernziel aus (Roth und Köck 2011).

# Bildungswissenschaftliche Implikationen

Wie die Arbeit zeigt, gibt es keine verbindliche Definition von interkultureller Kompetenz, weswegen die Intention eines interkulturellen Trainings eine herausragende Rolle spielt. Durch eine Sensibilisierung für den Einfluss der Zielgruppen auf das Verständnis von interkultureller Kompetenz können unterschiedliche Lehrkonzepte hinterfragt werden und ethnozentrische Vorstellungen bei der Gestaltung von Angeboten interkulturellen Trainings aufgezeigt werden. Insofern kann die Analyse unterschiedlicher Konzepte bei der Gestaltung eigener Lehr- und Lernangebote helfen sowie dazu beitragen ein reduziertes Verständnis interkultureller Kompetenz zu vermeiden. Hierdurch könnten interkulturelle Bildungsangebote konzeptionell und in ihrer didaktischen Umsetzung verbessert werden. Die Unschärfe der interkulturellen Kompetenzbegriffe, macht es notwendig, diese stärker bei der Konzeption interkultureller Trainings zu berücksichtigen. Dadurch könnte man erkennbare Lücken schließen und der z.B. von Terkessidis geäußerten Kritik an Trainings interkultureller Kompetenz begegnen, die für ihn strukturell nicht ausreichend implementiert werden. Er plädiert für ein durch Kollaboration zu erwerbendes, differenzierendes Kontextwissen über die Milieus, die Geschichte der Einwanderung, die Lebensumstände etc., um die aktuelle, komplexe Gesellschaft auf eine empirische Weise kennen zu lernen (Terkessidis 2018).

Hierzu könnte der praxeologische Ansatz von *doing culture* einen wichtigen Hinweis bieten. Wie Nohl (2006) anmerkt und auch diese Arbeit bestätigt, ist eine Konzeptionalisierung für jedes interkulturelle Training im Sinne einer Professionalisierung interkultureller Pädagogik notwendig. Im Kontinuum möglicher Adressat*innen, einerseits Zugewanderte – andererseits Menschen, die mit Migrant*innen arbeiten, sind viele Arrangements denkbar. Da insbesondere bei Firmentrainings heute noch länderspezifische Lernangebote dominieren, könnte es ein lohnendes Ziel sein, hier postmodernes und poststrukturelles Wissen einzubringen. In globalisierten Märkten und in der Auseinandersetzung mit Kulturen, die spätestens seit der Erfindung des Internets nicht mehr so abgeschlossen sind, wie es Modelle von Hofstede oder Hall suggerieren, sind auf VerAnderung („*Othering*") (Reuter 2002) aufbauende Trainings unterkomplex. Diese Vorgehensweise führt dazu, dass „der Fremde als permanenter Anderer mit eigenen kulturellen Konventionen, eigenen kulturellen Wertvorstellungen und eigener kultureller Historizität produziert wird" und „er aus dem Bereich des Eigenen, des Gewöhnlichen herausgedrängt wird" (ebd.). Ein möglicher Weg wäre es, im Sinne Boltens auf das Label interkulturelles Training zu verzichten und dafür verstärkt allgemeine Handlungskompetenzen, die auch in einem speziellen, interkulturellen Kontext auftreten, zu schulen.

# Kritik und Fazit der Arbeit

Die vorliegende Arbeit hat den Zusammenhang zwischen Zielgruppenadressierung und dem Kompetenzverständnis interkultureller Kompetenz zweier für diese Zielgruppen konzipierter Schulungen untersucht. Die Forschungsfrage konnte dabei eindeutig beantwortet werden, es besteht ein starker Zusammenhang. Dies ist bedeutsam, da sich bei der Adressierung an Zugewanderte eine Verlagerung in Richtung Anpassung und Assimilation als zentrale interkulturelle Kompetenz zeigte. Gegebenenfalls hätte eine rein quantitative Messung dieses Ergebnis noch eindeutiger belegt, durch die Reduktion der Datenmenge auf zwei Bücher scheint ein unmittelbarerer Zugriff auf die Inhalte im Rahmen einer qualitativen Inhaltsanalyse, die auch quantitative Anteile hat (Rädiker und Kuckartz 2019) angemessen. Dabei lässt sich diese Arbeit an den von Mayring definierten sechs Gütekriterien qualitativer Forschung messen: (1) die Verfahrensdokumentation, (2) Argumentative Interpretationsabsicherung, (3) Regelgeleitetheit, (4) Nähe zum Gegenstand, (5) Kommunikative Validierung und (6) Triangulation (Mayring 1999). Die ersten vier Punkte konnten dabei in dieser Arbeit gut berücksichtigt werden, wohingegen die Punkte 5 und 6 im Rahmen einer begrenzten Studienarbeit aus zeitlichen und organisatorischen Gründen nicht umsetzbar waren. Grundsätzlich stellt sich in der qualitativen Forschung die Herausforderung, ob die allgemeinen Gütekriterien Validität und Reliabilität als Gütekriterien anwendbar sind (ebd.). Objektivität, verstanden als Bemühen eine intersubjektive Nachvollziehbarkeit zu erreichen, wurde durch die Dokumentation des Forschungsprozesses berücksichtigt.

Ausgehend von einer Begriffsklärung von Kultur und Kompetenz, konnte die Komplexität des Themas und die damit einhergehende Unterkomplexität interkultureller Trainingsmodelle aufgezeigt werden. Während der Wirtschaftsjurist Schließmann die auffallende Heile Welt Sicht solcher Trainings bemängelt - denn für ihn kann das Ziel interkultureller Kompetenz sehr wohl darin liegen, die „Kenntnis der Fremdheit und Andersartigkeit des anderen dafür auszunutzen, ihn gezielt mit seinen kulturellen Schwächen zu besiegen" (Schließmann 2014) – wird insbesondere von den Vertreter*innen der *cultural studies* kritisiert, dass diese Schulungen mit ihrem Blick auf Differenz, wenn auch ungewollt, einen Beitrag zur Konstruktion von Differenz leisten. War das „Ausländerkind" in der „Ausländerpädagogik" an den rechtlichen Status geknüpft, das „Gastarbeiterkind" an den Status der Eltern als Gastarbeiter oder Gastarbeiterin, das „Flüchtlingskind" an die eigene Migrationserfahrung, so bietet heute der „Migrationshintergrund" unter der Überschrift kultureller Differenz die Möglichkeit, alle diejenigen zu versammeln, die eines gemeinsam haben: potenzielle Fremdheit in Bezug auf ihre kulturelle Herkunft im Gegensatz zu einer „traditionellen deutschen" Herkunft (Stošić 2017). Interkulturelle Kompetenz darf sich deswegen nicht auf Offenheit für mögliche Kulturdifferenzen und auch nicht auf das Bewusstsein der eigenen Kulturgebundenheit beschränken, sondern bedeutet eine Aufmerksamkeit für den persönlichen Sinn zu entwickeln, den die Adressat*innen mit den erlebten Kulturen, mit Sprachen, mit Religion aber auch mit Diskriminierungserfahrungen gemacht haben (Auernheimer 2016). Hierdurch würde die Orientierung an der Zielgruppe interkulturelle Kompetenz nicht, wie in den untersuchten Manualen, verkürzen, sondern ausweiten. Es geht dann um eine interkulturelle Erziehung aus der Perspektive der Betroffenen (Nieke 2000), bei der es nicht auf die Unterstützung der Minoritäten in den Besonderheiten ihrer Kultur oder das Werben für ein Verständnis für diese Besonderheiten bei der Majorität ankommt,

sondern um die Frage der gesellschaftlichen Anerkennung bzw. Diskriminierung von Minoritäten.
Ob die gängigen Kompetenzmodelle interkultureller Kompetenz diesen Paradigmenwechsel abbilden können, scheint dabei fraglich.

# Literaturverzeichnis

Atteslander, P. & Cromm, J. (2003). Methoden der empirischen Sozialforschung (De-Gruyter-Studienbuch, 10., neu bearb. und erw. Aufl., 104. - 111. Tsd). Berlin: de Gruyter.

Auernheimer, G. (2001). Anforderungen an das Bildungssystem und die Schulen in der Einwanderungsgesellschaft. In G. Auernheimer (Hrsg.), Migration als Herausforderung für pädagogische Institutionen (Interkulturelle Studien, Bd. 7, S. 45–58). Opladen: Leske und Budrich.

Auernheimer, G. (2016). Einführung in die Interkulturelle Pädagogik. Darmstadt: Wissenschaftliche Buchgesellschaft (WBG).

Beck, H. (1997). Schlüsselqualifikationen. Bildung im Wandel (0/one - Winkler Software, 3. Aufl.). Darmstadt: Winkler.

Bennett, M. J. (1986). A developmental approach to training for intercultural sensitivity. International Journal of Intercultural Relations, 10(2), 179–196.

Bhabha, H. K. & Bronfen, E. (2011). Die Verortung der Kultur (Stauffenburg discussion, Band/Volume 5, Unveränderter Nachdruck der 1. Auflage 2000). Tübingen: Stauffenburg Verlag.

Bolten, J. (2007). Interkulturelle Kompetenz [Online-Ausg.]. Erfurt: Landeszentrale für Politische Bildung Thüringen.

Bolten, J. (2011). Unschärfe und Mehrwertigkeit. "Interkulturelle Kompetenz" vor dem Hintergrund eines offenen Kulturbegriffs. In W. Dreyer & U. Hößler (Hrsg.), Perspektiven interkultureller Kompetenz : mit 11 Tabellen ; [Beiträge und Erkenntnisse eines Symposiums …, das die Hochschule Regensburg zu Ehren des 70. Geburtstags von Prof. Dr. Alexander Thomas im November 2009 veranstaltete] (S. 55–70). Göttingen [u.a.]: Vandenhoeck & Ruprecht.

Bolten, J. (2018). Einführung in die interkulturelle Wirtschaftskommunikation (utb Wirtschaftswissenschaften, Interkulturelle Kommunikation, 2922. Wirtschaftswissenschaften, Interkulturelle Kommunikation). Göttingen: Vandenhoeck & Ruprecht. Verfügbar unter http://www.utb-studi-e-book.de/9783838550039

Bundesamt für Migration und Flüchtlinge (Hrsg.). (2007, 10. Mai). Konzeption für die Zusatzqualifikation von Lehrkräften im Bereich Deutsch als Zweitsprache. Nürnberg. Verfügbar unter https://www.bamf.de/SharedDocs/Anlagen/DE/Integration/Integrationskurse/Lehrkraefte/konzeption-fuer-die-zusatzqualifikation-von-lehrkraeften-pdf.html;nn=282388

Bundesamt für Migration und Flüchtlinge (Hrsg.). (2017). Curriculum für einen bundesweiten Orientierungskurs. Überarbeitete Neuauflage für 100 UE.

Chin, R. C.-K. (2019). The crisis of multiculturalism in Europe. A history. Princeton: Princeton University Press.

Czock, H. (1993). Der Fall Ausländerpädagogik. Erziehungswissenschaftliche und bildungspolitische Codierungen der Arbeitsmigration (Migration und Kultur). Zugl.: Bielefeld, Univ., Diss., 1990. Frankfurt am Main: Cooperative-Verl.

Deardorff, D. K. (2006a). Identification and Assessment of Intercultural Competence as a Student Outcome of Internationalization. Journal of Studies in International Education, 10(3), 241–266.

Deardorff, D. K. (2006b). Policy Paper zur Interkulturellen Kompetenz (Bertelsmann Stiftung, Hrsg.). Gütersloh: Bertelsmann Stiftung.

Deardorff, D. K. (2020). Manual for developing intercultural competencies. Story circles (Routledge focus on environment and sustainability). Paris, France: United Nations Educational, Scientific and Cultural Organisation (UNESCO); Routledge.

Foroutan, N. (2010). Neue Deutsche, Postmigranten und Bindungs-Identitäten. APUZ - Aus Politik und Zeitgeschichte, 2010(46/47), 9–15.

Foroutan, N. (2015). Die postmigrantische Gesellschaft, Bundeszentrale für politische Bildung. Die Einheit der Verschiedenen: Integration in der postmigrantischen Gesellschaft. Verfügbar unter https://www.bpb.de/gesellschaft/migration/kurzdossiers/205190/die-postmigrantische-gesellschaft

Foroutan, N. (2018). Die postmigrantische Perspektive. Aushandlungsprozesse in pluralen Gesellschaften. In M. Hill & E. Yıldız (Hrsg.), Postmigrantische Visionen. Erfahrungen - Ideen - Reflexionen (Postmigrantische Studien, Band 1, S. 15–28). Bielefeld: transcript.

Göbel, K. (2008). Vermittlung interkultureller Kompetenzen im Englischunterricht. In E. Klieme (Hrsg.), Unterricht und Kompetenzerwerb in Deutsch und Englisch. Ergebnisse der DESI-Studie (Beltz Pädagogik, S. 398–410). Weinheim: Beltz.

Goethe Institut e.V. (Hrsg.). (2016). für Integrationskurse - Deutsch als Zweitsprache. München. Zugriff am 28.10.2019. Verfügbar unter https://www.bamf.de/SharedDocs/Anlagen/DE/Downloads/Infothek/Integrationskurse/Kurstraeger/KonzepteLeitfaeden/rahmencurriculum-integrationskurs.pdf?__blob=publicationFile

Gomolla, M. & Radtke, F.-O. (2009). Institutionelle Diskriminierung. Die Herstellung ethnischer Differenz in der Schule (3. Auflage). Wiesbaden: VS Verlag für Sozialwissenschaften / GWV Fachverlage GmbH Wiesbaden.

Hamburger, F. (1984). Erziehung in der Einwanderungsgesellschaft. In H. M. Griese (Hrsg.), Der gläserne Fremde. Bilanz und Kritik der Gastarbeiterforschung und der Ausländerpädagogik (S. 59–70). Wiesbaden: VS Verlag für Sozialwissenschaften.

Hofstede, G. (2011). Culture's consequences. Comparing values, behaviors, institutions, and organizations across nations (2. ed., [Nachdr.]. Thousand Oaks, Calif.: Sage Publ.

Hörning, K. H. & Reuter, J. (2004). Doing Culture: Kultur als Praxis. In K. H. Hörning & J. Reuter (Hrsg.), Doing Culture. Neue Positionen zum Verhältnis von Kultur und sozialer Praxis (S. 9–15). Bielefeld: transcript Verlag.

Jin, F. & Schote, J. (2015a). Pluspunkt Deutsch - Leben in Deutschland. Deutsch als Fremdsprache ; A1 (Pluspunkt Deutsch - einfach gut, 1. Aufl.). Arbeitsbuch Gesamtband. Berlin: Cornelsen.

Jin, F. & Schote, J. (2015b). Pluspunkt Deutsch - Leben in Deutschland. Deutsch als Fremdsprache ; A1. Kursbuch Gesamtband. Berlin: Cornelsen.

Jin, F. & Schote, J. (2016a). Pluspunkt Deutsch. Leben in Deutschland : A2 (1. Auflage). Arbeitsbuch Gesamtband. Berlin: Cornelsen.

Jin, F. & Schote, J. (2016b). Pluspunkt Deutsch. Leben in Deutschland : A2 (1. Auflage). Kursbuch Gesamtband. Berlin: Cornelsen.

Jin, F. & Schote, J. (2016c). Pluspunkt Deutsch. Leben in Deutschland : B1 (1. Auflage). Arbeitsbuch Gesamtband. Berlin: Cornelsen Verlag.

Kinast, E.-U. (2003). Interkulturelles Training. In A. Thomas, E.-U. Kinast & S. Scholl-Mach (Hrsg.), Grundlagen und Praxisfelder (Handbuch interkulturelle Kommunikation und Kooperation, / Alexander Thomas … (Hg.) ; Band 1, 2., überarb. Aufl., S. 181–203). Göttingen: Vandenhoeck & Ruprecht.

Knappik, M. & Mecheril, P. (2018). Migrationshintergrund oder die Kulturalisierung von Ausschlüssen. In İ. Dirim & P. Mecheril (Hrsg.), Heterogenität, Sprache(n), Bildung. Eine differenz- und diskriminierungstheoretische Einführung ; unter Mitarbeit von Alisha Heinemann, Natascha Khakpour, Magdalena Knappik, Saphira Shure, Nadja Thoma,

Oscar Thomas-Olalde und Andrea Johanna Vorrink (Studientexte Bildungswissenschaft, Bd. 4443, S. 159–177). Bad Heilbrunn: Verlag Julius Klinkhardt.

Kuckartz, U. (2018). Qualitative Inhaltsanalyse. Methoden, Praxis, Computerunterstützung (Grundlagentexte Methoden, 4. Auflage). Weinheim: Beltz Juventa. Verfügbar unter http://ebooks.ciando.com/book/index.cfm?bok_id/2513416

Leeds-Hurwitz, W. (2013). Intercultural competences: conceptual and operational framework. Paris: UNESCO. Zugriff am 04.02.2020. Verfügbar unter https://unesdoc.unesco.org/ark:/48223/pf0000219768

Mayring, P. (1999). Einführung in die qualitative Sozialforschung. Eine Anleitung zu qualitativem Denken (4. Aufl.). Weinheim: Beltz.

Mayring, P. (2015). Qualitative Inhaltsanalyse. Grundlagen und Techniken (Beltz Pädagogik, 12., überarb. Aufl.). Weinheim: Beltz.

Mecheril, P. (2020). Kulturelle Differenz. In G. Weiß & J. Zirfas (Hrsg.), Handbuch Bildungs- und Erziehungsphilosophie (S. 305–316). Wiesbaden: Springer VS.

Mertens, D. (1974). Schlüsselqualifikationen. Thesen zur Schulung für eine moderne Gesellschaft. Mitteilungen aus der Arbeitsmarkt- und Berufsforschung (MittAB), 7, 36–43.

Müller, S. & Gelbrich, K. (2014). Interkulturelle Kommunikation (Vahlens Handbücher der Wirtschafts- und Sozialwissenschaften). München: Vahlen.

Nieke, W. (2000). Interkulturelle Erziehung und Bildung. Wertorientierungen im Alltag (Reihe Schule und Gesellschaft, Bd. 4, 2., überarb. und erg. Aufl.). Opladen: Leske + Budrich.

Nohl, A.-M. (2006). Konzepte interkultureller Pädagogik. Eine systematische Einführung. Bad Heilbrunn: Klinkhardt.

Nünning, V. & Nünning, A. (2008). Kulturwissenschaften: Eine multiperspektivische Einführung in einen interdisziplinären Diskussionszusammenhang. In A. Nünning & V. Nünning (Hrsg.), Einführung in die Kulturwissenschaften. Theoretische Grundlagen - Ansätze - Perspektiven (S. 1–18). Stuttgart: Verlag J.B. Metzler.

Ort, C.-M. (2008). Kulturbegriffe und Kulturtheorien. In A. Nünning & V. Nünning (Hrsg.), Einführung in die Kulturwissenschaften. Theoretische Grundlagen - Ansätze - Perspektiven (S. 19–38). Stuttgart: Verlag J.B. Metzler.

Pfadenhauer, M. & Kunz, A. M. (2012). Der Kompetenzstreit um Bildung. Kontexte udn Konsequenzen der Kompetenzerfassung. In M. Pfadenhauer & A. M. Kunz (Hrsg.), Kompetenzen in der Kompetenzerfassung. Ansätze und Auswirkungen der Vermessung von Bildung. Weinheim: Beltz Juventa.

Rädiker, S. & Kuckartz, U. (2019). Analyse qualitativer Daten mit MAXQDA. Text, Audio und Video. Wiesbaden: Springer Fachmedien Wiesbaden.

Rathje, S. (2006). Interkulturelle Kompetenz - Zustand und Zukunft eines umstrittenen Konzepts. Zeitschrift für Interkulturellen Fremdsprachenunterricht, 11(3). Zugriff am 28.10.2019. Verfügbar unter https://tujournals.ulb.tu-darm-stadt.de/index.php/zif/article/view/396/384

Reckwitz, A. (2003). Grundelemente einer Theorie sozialer Praktiken. Eine sozialtheoretische Perspektive. Zeitschrift für Soziologie, 32(4), 282–301.

Reckwitz, A. (2011). Die Kontingenzperspektive der ›Kultur‹. Kulturbegriffe, Kulturtheorien und das kulturwissenschaftliche Forschungsprogramm. In F. Jaeger & B. Liebsch (Hrsg.), Handbuch der Kulturwissenschaften (Bd. 22, S. 1–20). Stuttgart: J.B. Metzler.

Reuter, J. (2002). Ordnungen des Anderen. Zugl.:Aachen, Techn. Hochsch., Diss., 2001. Transcript, Bielefeld.

Reuter, J. (2004). Postkoloniales Doing Culture. Oder: Kultur als translokale Praxis. In K. H. Hörning & J. Reuter (Hrsg.), Doing Culture. Neue Positionen zum Verhältnis von Kultur und sozialer Praxis. Bielefeld: transcript Verlag.

Ringeisen, T., Genkova, P. & Schubert, S. (2016). Kultur und interkulturelle Kompetenz: Konzeptualisierung aus psychologischer Perspektive. In P. Genkova & T. Ringeisen (Hrsg.), Handbuch Diversity

Kompetenz: Gegenstandsbereiche (Bd. 1, S. 1–10). Wiesbaden: Springer Fachmedien Wiesbaden.

Roth, J. & Bassenhorst, M. (Masterprüfungszentrale Xpert Culture Communication skills®, Hrsg.). (2014). Seminarleitfaden Culture Communication skills®. Informationen, Strukturen und Inhalte zum Lehrgangssystem, Bayerischer Volkshochschulverband; e.V. Zugriff am 12.02.2020. Verfügbar unter https://www.xpert-ccs.de/doc/document.aspx?filename=20140313_Seminarleitfaden.pdf

Roth, J. & Ettling, S. (Hrsg.). (2014). Interkulturelle Kompetenz in Gesundheit und Pflege. Xpert culture communication skills (1. Aufl.). Stuttgart: EduMedia GmbH.

Roth, J. & Köck, C. (Hrsg.). (2011). Interkulturelle Kompetenz. Handbuch für die Erwachsenenbildung = [Xpert] culture communication skills (Xpert Culture Communication Skills, 2., vollständig überarbeitete Auflage). München: Bayerischer Volkshochschulverband e.V; EduMedia.

Roth, J. & Sterzenbach, G. (2017). Interkulturelle Kompetenz in der Verwaltung. Stuttgart: EduMedia GmbH.

Rychen, D. S. (2008). OECD Referenzrahmen für Schlüsselkompetenzen - ein Überblick. In Bormann, Inka, de Haan, Gerhard (Hrsg.), Kompetenzen der Bildung für nachhaltige Entwicklung : Operationalisierung, Messung, Rahmenbedingungen, Befunde (S. 15–22). Wiesbaden: VS, Verl. für Sozialwiss.

Schatzki, T. R. (1996). Social practices. A Wittgensteinian approach to human activity and the social. Cambridge: Cambridge Univ. Press.

Schließmann, C. P. (2014). Leistungspotenziale im Fadenkreuz. Die acht Dimensionen persönlicher und unternehmerischer Hochleistung. Berlin: Springer Gabler.

Schote, J. (2016). Pluspunkt Deutsch. Leben in Deutschland : B1 (1. Auflage). Handreichungen für den Unterricht. Berlin: Cornelsen Verlag.

Schote, J. (2017). Orientierungskurs. Grundwissen Politik, Geschichte und Gesellschaft in Deutschland (1. Auflage 2017). Berlin: Cornelsen Verlag.

Schote, J. & Weimann, G. (2016). Pluspunkt Deutsch. Leben in Deutschland : B1 (1. Auflage). Kursbuch Gesamtband. Berlin: Cornelsen Verlag.

Stošić, P. (2017). Kinder mit ‚Migrationshintergrund'. Reflexionen einer (erziehungs-) wissenschaft lichen Differenzkategorie. In I. Diehm, M. Kuhn & C. Machold (Hrsg.), Differenz - Ungleichheit - Erziehungswissenschaft. Verhältnisbestimmungen im (Inter-)Disziplinären (S. 81–102). Wiesbaden: Springer VS.

Straub, J. (2018) 'Das Selbst als interkulturelles Kompetenzzentrum. Ein zeitdiagnostischer Blick auf die wuchernde Diskursivierung einer ›Schlüsselqualifikation‹', in Chakkarath, P. und Weidemann, D. (Hrsg.) *Kulturpsychologische Gegenwartsdiagnosen,* Bielefeld, transcript Verlag,

Terkessidis, M. (2018). Komplexität und Vielheit. In M. Hill & E. Yıldız (Hrsg.), Postmigrantische Visionen.

Erfahrungen - Ideen - Reflexionen (Postmigrantische Studien, Band 1, S. 73–80). Bielefeld:
transcript.

Thomas, A. (2003). Kultur und Kulturstandards. In A.
Thomas, E.-U. Kinast & S. Scholl-Mach (Hrsg.),
Grundlagen und Praxisfelder (Handbuch interkul-
turelle Kommunikation und Kooperation, / Ale-
xander Thomas … (Hg.) ; Band 1, 2., überarb. Aufl.,
S. 19–31). Göttingen: Vandenhoeck & Ruprecht.

Weinert, F. E. (2002). Vergleichende Leistungsmessung
in Schulen - eine umstrittene Selbstverständlichkeit. In F. E. Weinert (Hrsg.), Leistungsmessungen
in Schulen (Beltz Pädagogik, 2., unveränd. Aufl.,
S. 18–31). Weinheim: Beltz.

Welsch, W. (1997). Transkulturalität. Thesis, Wissenschaftliche Zeitschrift der Bauhaus-Universität
Weimar, 135-. Zugriff am 04.02.2020. Verfügbar unter https://e-pub.uni-
wei-
mar.de/opus4/frontdoor/deliver/index/docId/1
153/file/Wolfgang_Welsch_pdfa.pdf

Wille, K. (2016). Interkulturelle Kompetenz als übergrei-
fendes Ziel in der schulischen Bildung. International Dialogues on Education, 3(1), 52–69. Verfügbar
unter https://www.ide-journal.org/article/2016-
volume-3-number-1-interkulturelle-kompetenz-als-
ubergreifendes-ziel-in-der-schulischen-bildung/

# Interkulturalität in der betrieblichen Aus- & Weiterbildung

Dieser Beitrag erschien im April 2020 in leicht gekürzter Fassung auf publikum.de

Internetadresse:
https://publikum.net/interkulturalitat-in-der-betrieblichen-weiterbildung/

Das duale System in Deutschland hat eine lange Geschichte und ist im internationalen Vergleich ein eigentümliches Unikum. Trotz der ab den 1970er Jahren beginnenden Bildungsexpansion und der zunehmenden Akademisierung vieler Berufe stellt es einen Sonderweg der beruflichen Qualifikation und Kompetenzentwicklung dar. Einerseits geht es durch die Vermittlung einer beruflichen Identität deutlich über die in vielen Ländern verbreitete Anlernkultur hinaus, andererseits liegt der Fokus nach wie vor auf Instruktion und weniger auf wissenschaftlicher Fundierung oder der Bildung sozial-intellektueller Handlungskompetenz. Die Frage, wie betriebliche Weiterbildung in einer postmigrantischen Gesellschaft zu gestalten ist, wird dabei in erster Linie aus einer Defizitperspektive diskutiert.

Bei Planung und Durchführung der Ausbildung steht die Beseitigung tatsächlicher oder vermeintlicher Wissenslücken sowie von Mängeln der schulischen Qualifikation im Fokus. Zwar ist man sich einig darüber, dass Menschen mit Migrationshintergrund dazu beitragen könnten, den Fachkräftemangel zu reduzieren, andererseits wird diese Gruppe häufig mit negativen Zuschreibungen belegt. Hierbei erfolgt leider eine wenig differenzierte Betrachtung und daraus folgend Fehlschlüsse für die Aus- und Weiterbildung.

# Die Zuschreibung "Mensch mit Migrationshintergrund" verleitet zu Fehlschlüssen

Begrifflichkeiten wie Menschen mit Migrationshintergrund beschreiben scheinbar homogene Gruppen, sind jedoch unterkomplex. Hierunter fallen sowohl ankommende Flüchtlinge wie Zugewanderte der ersten, zweiten oder ggf. weiterer Generationen. Hierzu zählen Austauschstudierende ebenso wie Spätausssiedler*innen, die in einer teilweise jahrhundertelangen deutschen Exilkultur aufgewachsen sind. Hinzu kommt eine zunehmende kulturelle Hybridität, also eine nicht geringe Zahl an Menschen, die durch mehrere Kulturen geprägt wurden. Im Zuge des *postmodern turn* stehen die Begriffe Ambiguität (Mehrdeutigkeit) und Hybridität für eine Abkehr vom binären Code der Moderne. Wurde bisher Identität aus einer eindeutigen Zuordnung zu einer Gruppe abgeleitet, werden Identitäten in der Postmoderne mehrfach und multipel gedacht (Foroutan 2015). Jegliche interkulturelle Ausbildung oder Pädagogik steht dann vor der Herausforderung, wie sie statische Ansichten auf identitäre Kernnarrationen von Kultur oder Nation mit den damit einhergehenden Exklusionsmechanismen überwindet statt bestärkt. Verantwortliche in der betrieblichen Aus- und Weiterbildung stehen also vor der Aufgabe sich eine ausreichende interkulturelle Kompetenz aufzubauen, um mit diesen komplexen Zielgruppen umzugehen, ohne sich von Stereotypen und Vorurteilen leiten zu lassen. Zum einen führen diese zu einer „*self-fullfilling-prophecy*", weil sich durch Wahrnehmungsfilter vermeintlich schwierige Konstellationen tatsächlich zu bewahrheiten scheinen. Dieser Effekt lässt sich bei anderen Differenzlinien, wie dem Geschlecht, ebenfalls feststellen, wenn z.B. in der schulischen Ausbildung Stören oder aggressives Verhalten bei Jungen und Mädchen unterschiedlich sanktioniert werden. Grundsätzlich ist zu bedenken ist, dass die soziale Herkunft eine viel stärkere Bedeutung hat als die ethnische Zugehörigkeit. Raymond Bourdon (1974) hat die primären und sekundären Effekte sozialer Herkunft beschrieben, die zu Bildungsungleichheit führen. Primär heißt, dass ein starker Zusammenhang, den z.B. auch die PISA-Studien bestätigen, zwischen sozialer Herkunft des Elternhauses und der schulischen Leistung bestehen. Bedeutsamer für den Bereich der betrieblichen Ausbildung sind die sekundären Effekte, denn selbst bei gleicher Leistung werden Schüler*innen und Auszubildende aus unterer Klassenlage schlechter bewertet. Zusätzlich entscheiden sich, ebenfalls bei gleicher Leistung, Angehörige höherer sozialer Herkunft signifikant häufiger für einen höheren Bildungsweg. Übersetzt man Bourdons Erkenntnisse auf die heutige betriebliche Welt heißt das, dass Betriebe eventuell entscheidende Talente nicht entdecken und fördern, weil diese zum einen aufgrund von Stereotypen zu schlecht bewertet werden, aber auch bei der Karriereentwicklung nicht angemessen berücksichtigt werden. Erstaunlicherweise hat diese soziale Schließung wenig bis gar nichts mit ethnischen oder kulturellen Eigenheiten zu tun, sondern beruht auf Stereotypen und Vorurteilen, die zu einer Schlechterbehandlung einzelner Personengruppen aufgrund zugeschriebener Merkmale führt.

In Stereotypen sichtbar werdende generalisierende Überzeugungen münden in Vorurteilen. Diese führen als spezifische Bewertungen bzw. affektive Haltungen gegenüber einer Gruppe schließlich zu einer tatsächlichen Benachteiligung. Letztlich ist also eine Ausbildung, die interkulturelle Fragestellungen berücksichtigt, nicht ohne einen reflektierenden Bezug zu Diskriminierung, zu Fremdenfeindlichkeit oder zu Rassismus denkbar.

# interkulturelle Kompetenz ist ein überfrachtetes Konzept

Hilfreich kann es dabei sein, sich von der Vorstellung einer interkulturellen Kompetenz als Wundermittel zu verabschieden. Der Kultur- und Kommunikationswissenschaftler Jürgen Bolten (2007) stellt sogar das Konzept interkultureller

Kompetenz grundsätzlich in Frage, wenn er zur Diskussion stellt, ob es überhaupt eine eigenständige interkulturelle Kompetenz geben kann. Denn nahezu alle Teilkompetenzen interkulturellen Handels, wie z.B. Ambiguitätstoleranz, Empathie oder Kommunikationsfähigkeit, haben auch in der eigenkulturellen Lebenswelt Einfluss auf den Handlungserfolg und können demnach zumindest nicht als spezifisch interkulturelle Fähigkeit bezeichnet werden. Statt zu hoffen eine neue, andersartige Fähigkeit zu entdecken, sollte es den Ausbildenden des Betriebes verstärkt darum gehen, allgemeine Handlungskompetenzen, die auch in einem speziellen, interkulturellen Kontext auftreten, zu erwerben und auszubauen.

# Zentrale Kompetenzen im Widerspruch zu Konzepten der betrieblichen Aus- und Weiterbildung

Letztlich bleiben als zentrale Bestandteile interkulturellen Lernens neben dem Spracherwerb - der üblicherweise im schulischen bzw. außerbetrieblichen Bereich angesiedelt ist - vor allem Fähigkeiten übrig, die mit dem klassischen Verständnis innerbetrieblicher Ausbildung kollidieren. Es geht um Themen wie Scheitern oder Unsicherheit aushalten, Begriffe, die in den Betrieben aus anderen

Kontexten durchaus vertraut klingen. Mit der konkreten Umsetzung einer geforderten Fehlerkultur oder der Anpassung an eine unsicher gewordene Welt tun sich viele Unternehmen und Führungskräfte weiterhin schwer. Die Beschäftigung mit interkulturellen Fragestellungen kann somit eine Brücke darstellen, um Fragen der Zukunftsfähigkeit in den Blick zu nehmen. Unternehmenskultur wird somit eine echte Frage von Kultur und wird aus der *Social Branding* und Marketingecke befreit. Verabschieden muss man sich an dieser Stelle aber von einigen romantischen Vorstellungen von Arbeit. In der Arbeitswelt von heute geht es eben nicht um ein freundschaftliches Miteinander unter Kolleg*innen, sondern um Kooperation.

Der Soziologe Richard Sennett beschreibt eine wünschenswerte anspruchsvolle und schwierige Art von Kooperation. "Sie versucht, Menschen zusammenzubringen, die unterschiedliche oder gegensätzliche Interessen verfolgen, die kein gutes Bild voneinander haben, verschieden sind oder einander einfach nicht verstehen. Die Herausforderung besteht darin, auf andere Menschen nach deren eigenen Bedingungen einzugehen" (Sennett 2012). Diese "harte Kooperation" verlangt nach einem breiten Spektrum an sozialen Fertigkeiten, die "von gutem Zuhören und taktvollem Verhalten über das Ausfindigmachen von Übereinstimmungen bis hin zum geschickten Umgang mit Meinungsverschiedenheiten oder der Vermeidung von

Frustration in schwierigen Diskussionen" (ebd.) reichen. Die Beschäftigung mit interkulturellen Fragestellungen im Unternehmen stellt an dieser Stelle also zwangsläufig einige Paradigmen von Ausbildung in Frage. Folgt man Sennetts Argumentation weiter, hat die moderne Gesellschaft einen Charaktertyp hervorgebracht, der darauf bedacht ist, Risiken und Ängste zu verringern, die durch Unterschiede (z.B. politischer, rassischer, religiöser, ethnischer oder erotischer Natur) ausgelöst werden können. "Diese Menschen verfolgen das Ziel, Erregung zu vermeiden und sich möglichst wenig von tiefgreifenden Unterschieden stimulieren zu lassen" (ebd.). Interkulturell kompetentes Handeln bedeutet aber eben gerade nicht Vermeidung, sondern konstruktiven Umgang mit Unterschieden.

# Abschied vom Paradigma messbarer Kompetenzentwicklung

In der betrieblichen Weiterbildung orientiert sich der Kompetenzbegriff stark an dem Kriterium der Messbarkeit. Einer weit verbreiteten Definition zufolge sind Kompetenzen, die „bei Individuen verfügbaren oder durch sie erlernbaren kognitiven Fähigkeiten und Fertigkeiten, um bestimmte Probleme zu lösen, sowie die damit verbundenen motivationalen, volitionalen und sozialen Bereitschaften und Fähigkeiten, um die Problemlösungen in variablen Situationen erfolgreich und verantwortungsvoll nutzen zu können" (Weinert 2002). Kompetenzen sind demnach beschreibbare Problemlösungsfähigkeiten. Die erfolgreiche Vermittlung der Kompetenz ist mess- und beurteilbar, indem man prüft ob die zuvor definierten Problemstellungen gelöst werden können. Gerade die betriebliche Aus- und Weiterbildung ist diesem Paradigma der Messbarkeit besonders verhaftet. Geprägt von einem kognitivistischen Lernverständnis wird orientiert an Modellen des Instruktionsdesigns Ausbildung entworfen und durchgeführt, um die für die Berufsausübung notwendige Kompetenz zu erwerben. Was beim Training von Fertigkeiten wie der Bedienung von Maschinen oder dem Erlernen komplexer Tätigkeiten wie dem Ablauf einer Kundenberatung gut funktioniert, erscheint bei der Begegnung unterschiedlicher Kulturen schwer denkbar. Instruktionsdesign, das nach der binären wenn-dann Logik funktioniert, stößt an Grenzen und muss um konstruktivistische Ansätze erweitert werden.

# Neue Formen betrieblichen Lernens als Wegweiser

In der Praxis kann dann interkulturelles Lernen der Wegweiser in neue Methodiken der betriebli-

chen Aus- und Weiterbildung sein. In vielen Betrieben werden aktuell neue Formen der Aus-, Fort
und Weiterbildung ausprobiert und in die betrieblichen Prozesse implementiert. Diese enthalten
Elemente aus dem Coaching, dem Mentoring oder
aus der kollegialen Fallberatung, sie organisieren
neue "*communities of practice*", die Wissenstransfer,
Kollaboration und gemeinsames Lernen fördern.
Ausgegebenes Ziel dabei ist häufig "Silo-Denken"
aufzulösen. Was in vielen Managementtheorien
jedoch übersehen wird, ist, dass die zunehmende
Verkürzung von projektorientierten Zusammenar-
beitsintervallen das "Silo-Problem" verschiebt.
Durch die Ausrichtung auf kurzzeitige Tätigkeiten
ziehen sich Beschäftigte in sich selbst zurück und
lassen sich nicht auf Probleme ein, die nicht unmittelbar in ihren Arbeitsbereich fallen, "erst recht
nicht auf Menschen, die innerhalb der Institution
etwas anderes tun" (Sennett 2012). Der Versuch
von Partizipation und Kollaboration scheitert häufig an der Vorstellung das "eine", das verbindende
Element zu finden. Hier stellt sich die Frage nach
der Unternehmenskultur, an der sich letztlich auch
die Aus- und Weiterbildung ausrichtet. Bleibt diese dem Paradigma einer anzustrebenden Homogenität verhaftet und verfolgt weiter Verklärungen
wie die einer "Belegschaftsfamilie" oder wird eine
Unternehmenskultur angestrebt, die Heterogenität, Pluralität und Diversität als Faktum und Bereicherung ansieht. In der Folge entstünde daraus
dann einerseits die Aufgabe Aushandlungsprozes-

se zu fördern und zu organisieren, andererseits die Chance auf neue Entwicklungsoptionen. So werden beispielsweise viele Methoden aus dem agilen Projektmanagement, die in der betrieblichen Praxis mit großen Schwierigkeiten bei der Einführung zu kämpfen haben, schlüssiger, wenn Sie aus der Fessel des alles beherrschenden Themas Digitalisierung befreit werden. Die viel beschworene Mindset-Änderung erfolgt dann im Kontext von Kultur und nicht als alternativloser Zwang der Digitalisierung. Es geht somit im Kern darum eine Kultur der Pluralität zu fördern, worunter dann zwangsläufig auch die digitale Kultur fällt.

Der Aus- und Weiterbildung kommt eine entscheidende Rolle zu, um einen transkulturellen Umgang mit Pluralität zu integrieren. Wenn Multikulturalität ein Konzept ist, dass das Bild einer additiven Pluralität befördert, Interkulturalität hingegen das Bild interagierender Pluralität, dann verweist Transkulturalität etwa im Ansatz der transkulturellen Pädagogik auf sich überlagernde Pluralität (Mecheril 2020). Diese Aufgabe der Zukunft, muss dabei nicht von außen angestoßen werden, sondern wird sinnvollerweise als Prozess von innen heraus gestaltet. Wie alle Projekte zur "Zukunft der Arbeit" lassen sich Veränderungen, die das Miteinander von Beschäftigten betreffen, am besten gemeinsam mit den bzw. durch die Mitarbeitenden entwickeln. Gerade für kleine und mittlere Unternehmen (KMU) stehen etliche Förderprogramme des Bundes, wie unternehmens-Wert: Mensch, oder der Länder, wie beispielsweise die Potenzialberatung in Nordrhein-Westfalen zur Verfügung.

Zusammenfassend kann man feststellen, dass sich für Betriebe und speziell deren Ausbildungsabteilungen spannende Aufgaben ergeben, wenn man die multiethnische und multikulturelle Zusammensetzung der Belegschaft zum Thema macht. Von einem "Defizitansatz" befreit sowie konsequent zu Ende gedacht und durchgeführt, ergeben sich neue Chancen auf eine moderne Unternehmenskultur, die den Herausforderungen der Zukunft besser gewachsen ist. Interkulturelles Lernen zeigt dabei Strategien auf, mit Unsicherheit, mit Unterschieden und mit Konflikten besser umzugehen, gerade weil es nicht für alles eine Lösung anbieten kann, sondern die Möglichkeit des Unlösbaren thematisiert. Es eröffnet einen Weg zu neuer Kollaboration, weil es auch die Möglichkeit des Nebeneinanders betrachtet und nicht zwanghaft ein Verschmelzen oder "Unit-Building" verlangt.

Interkulturelles Lernen stellt dabei jedoch immer die Frage nach der eigenen Kultur und erfordert auch im betrieblichen Kontext den Blick in den Spiegel. Wer bin ich und wer will ich sein?

# Literaturverzeichnis

Bolten, J. (2007). Interkulturelle Kompetenz [Online-Ausg.]. Erfurt: Landeszentrale für Politische Bildung Thüringen

Boudon, R. (1974). Education, Opportunity, and Social Inequality. Changing Prospects in Western Society. New York: Wiley & Sons.

Foroutan, N. (2015) Die Einheit der Verschiedenen: Integration in der postmigrantischen Gesellschaft [Online]. Bonn: Bundeszentrale für politische Bildung

Mecheril, P. (2020). Kulturelle Differenz. In G. Weiß & J. Zirfas (Hrsg.), Handbuch Bildungs- und Erziehungsphilosophie. Wiesbaden: Springer VS.

Sennett, R. (2012). Zusammenarbeit. Was unsere Gesellschaft zusammenhält. Aus dem Amerikanischen von Michael Bischoff. Berlin: Hanser

Weinert, F. E. (2002). Vergleichende Leistungsmessung in Schulen - eine umstrittene Selbstverständlichkeit. In F. E. Weinert (Hrsg.), Leistungsmessungen in Schulen (Beltz Pädagogik, 2., unveränd. Aufl.). Weinheim: Beltz.

# Unterschied. Ein normativer Blick auf interkulturelle Bildung

Dieser Beitrag diskutiert die normative Aufladung von interkultureller Bildung und beschäftigt sich mit der Frage, ob es ausreicht zwischen ethnisch gedachten Unterschieden zu vermitteln oder ob nicht letztlich die Frage nach sozialen Unterschieden der Gesellschaft thematisiert werden müsste.

Bildung - auch interkulturelle Bildung - findet nie im luftleeren Raum statt. Sie ist einerseits ein normativ aufgeladener Prozess, was die Frage nach Bildungszielen aufwirft und zeitgleich in einen gesellschaftlichen Rahmen eingebettet. Diese Erkenntnis führt zur Überlegung nach der Funktion von Bildung, heruntergebrochen auf jede Zielsetzung des einzelnen Bildungsangebots. Paradoxerweise macht ein interkulturelles Training erst dann Sinn, wenn Unterschiede vorhanden sind, bemerkt werden oder potenziell zu Konflikten führen. Durch eine Kulturalisierung dieser Unterschiede, was aussagt, dass die Ursache für die Differenz in einer kulturellen Prägung vermutet wird, (re-) konstruiert man allerdings diese Differenz und wertet sie in ihrer Bedeutung auf. Jede interkulturelle Schulungsmaßnahme steckt somit in dem Dilemma, Unterschiede und kulturelle Vielfalt problematisieren zu müssen, um anschließend Strategien und Kompetenzen zu eben jener Problemlösung anzubieten. Dieser Beitrag geht der Frage nach, welche normative Aufladung unterscheidende Begriffe wie Fremde, Andere etc. transportieren. Hierzu wird zunächst das Verständnis von interkulturellem Lernen als Kompetenzerwerb aufgegriffen, um anschließend auf die gesellschaftliche Relevanz der Unterscheidung von Fremden und Dazugehörigen hinzuweisen. In der Praxis interkultureller Bildung findet diese Ebene bisher kaum Beachtung, da hier der Erwerb der subjektiven Handlungsfähigkeit im Vordergrund steht. Wenn aber Unterscheidung zu Segregation führt und soziale Schließung befördert, darf dies – und hier zeigt sich das normative Verständnis dieses Beitrags – in der interkulturellen Bildung nicht ausgegrenzt werden, weswegen abschließend für eine Erweiterung und gleichzeitige Aufweichung des (inter-) kulturellen Bildungsauftrages plädiert wird.

# Interkulturelles Lernen als Folge einer globalisierten Welt

Die Argumentationskette interkulturellen Lernens scheint schlüssig: In einer globalisierten Welt und oder einer von Migration geprägten Gesellschaft begegnen sich Menschen unterschiedlicher kultureller Prägung. Demzufolge braucht es eben jene viel beschworene interkulturelle Kompetenz, um mit dieser Thematik umgehen zu können. In der Schulungspraxis führt dies zur Konstruktion und Anwendung von Modellen interkultureller Kompetenz, die zwar wissenschaftliche Wissensbestände theoretischer oder empirischer Art enthalten, letztlich aber eher unsystematisch und unkontrolliert erscheinen, da normative Kriterien wiederum eine wichtige Rolle für die Auswahl der Teilmerkmale spielen (Straub 2018). Hier ist kritisch anzumerken, dass die zu vermittelnden Inhalte, wie Straub feststellt, auf einer wissenschaftlichen Mehrheitsmeinung beruhen, die sich fast ausschließlich in einem - dem westlichen, meist nordamerikanischen – Kulturkreis gebildet hat (ebd.).

Im Rahmen des OECD Projekts DeSeCo (*Definition and Selection of Competencies*) wurde 2005 ein anforderungsorientierter Ansatz von Schlüsselkompetenzen verfolgt. In den Mittelpunkt rückte dabei die Frage, „welche Fähigkeiten der Einzelne benötigt, um die Welt zu verstehen und sich in seinem jeweiligen Umfeld zurechtzufinden" (Rychen 2008). Die als Humankapital verstandenen Fähigkeiten werden dabei in drei Kategorien verortet, 1) der interaktiven Anwendung von Medien und Tools, 2) dem Interagieren in heterogenen Gruppen und 3) der autonomen Handlungsfähigkeit. Als Ziel des Kompetenzrahmens wird dabei nicht weniger ausgerufen als ein individuell erfolgreiches Leben und eine gute Gesellschaft (ebd.).

# Kultur als subjektive Handlungspraxis

Interkulturelle Kompetenz wird demnach als individuelle Handlungskompetenz in der Subjektebene verortet, soll gleichsam als Schlüsselkompetenz der globalen Gesellschaft von der Einzelnen und dem Einzelnen inkorporiert werden. Eine Definition von Thomas zeigt dabei eine wundersame Ansammlung von Kompetenzen:

> *Interkulturelle Kompetenz zeigt sich in der Fähigkeit, kulturelle Bedingungen und Einflussfaktoren im Wahrnehmen, Urteilen, Empfinden und Handeln bei sich selbst und bei anderen Personen zu erfassen, zu respektieren, zu würdigen und produktiv zu nutzen im Sinne einer wechselseitigen Anpassung, von Toleranz gegenüber Inkompatibilitäten und einer Entwicklung hin zu synergieträchtigen Formen der Zusammenarbeit, des Zusammenlebens und handlungswirksamer Orientierungsmuster in Bezug auf Weltinterpretation und Weltgestaltung (Thomas 2003).*

Die zweiseitige Orientierung der Zielsetzung auf den Erfolg des Individuums und den Erfolg der Gesellschaft, weist darauf hin, dass Kultur einerseits auf einer subjektiven Ebene geschieht, sie gleichzeitig in ihrem gesellschaftlichen Kontext zu sehen ist. In dem einem Segment kann man den Beitrag von Enkulturation und Sozialisation zur Identitätsbildung des Individuums verorten. Andererseits dient Kultur als Regel- und Organisationssystem einer Gesellschaft. Die Zielvorgaben interkultureller Bildungsarbeit und interkulturelles Verstehen müssen ihren Blick also sowohl auf die Handlungsebene des Individuums wie auf eine gesellschaftliche Makroebene richten. Anthony Giddens (1986) spricht von der *„duality of struc-*

*ture"*. Für ihn sind soziale Strukturen zunächst das Medium, in dem sich Handeln vollzieht. Allerdings können sich diese sozialen Strukturen nur durch Praktiken bilden, durch die Ausübung von Praktiken existieren und sich durch Praktiken weiterentwickeln, denn

> *... the structural properties of social systems are both medium and outcome of the practices they recursively organize"* (Giddens 1986).

Dieses Wechselspiel von Praxis und Kultur findet im Alltag unbemerkt statt. Im interkulturellen Training wird hierfür gerne das Bild von einem Eisberg verwendet. In diesem Kulturmodell finden sich an der Oberfläche Dinge und Verhalten, die für jede und jede sichtbar oder spürbar sind. Hierzu zählen beispielsweise die Sprache, Rituale wie Begrüßung, das Essen oder auch Bücher (Roth und Sterzenbach 2017). Unter der Oberfläche befinden sich Werte, Normen, Regeln und Einstellungen. Dieser größere Teil des kulturellen Eisberges ist nicht sichtbar und bleibt meist unbewusst. Er ist dabei die Basis dessen, was oben sichtbar ist (ebd.), wobei sich diese Basis erst durch die sichtbaren Handlungen materialisiert. In der interkulturellen Begegnung werden Verwerfungen im Eisberg sichtbar, da der Praxisvollzug, der sonst automatisiert und unbewusst abläuft, nicht mehr so reibungslos zu funktionieren scheint, wie in einer monokulturellen Welt.

Alfred Schütz, der selbst 1938 als Jude in die USA emigrierte, beschreibt dies bereits 1944 in seinem in der Migrationsforschung als Klassiker angesehenen Aufsatz „Der Fremde[3]" (Schütz 2011), den er mit dem Untertitel ein „sozialpsychologische Versuch" versehen hat. Hierin beschreibt er die typische Situation der Annäherung (*approaching*) eines Fremden, der in eine Gruppe, „welcher er sich nähert, dauerhaft akzeptiert oder zumindest geduldet werden möchte" (ebd.).

Ausgangspunkt seiner Überlegungen ist, dass die „Zivilisationsmuster des Gruppenlebens" eine Art *common sense* eines Menschen bilden, was eine Orientierung im Zusammenleben einer Gruppe ermöglicht und aus dem sich erprobte Rezepte für das eigene Handeln ableiten lassen. Schütz verneint die Vorstellung eines rational entscheidenden, reflektiert denkenden abwägenden Menschen.

*Der Handelnde in der sozialen Welt erlebt sich jedoch primär als ein Feld seiner aktuellen und potenziellen Handlungen und nur sekundär als ein*

---

[3] Schütz verwendet den Begriff „der" Fremde. Ähnlich wie bei wörtlichen Zitaten wird im Abschnitt zu Schütz auf eine gendergerechte Sprache verzichtet. Eine Anpassung würde eine nicht gerechtfertigte Interpretation des Textes darstellen, da in dem 1944 entstandenen Text nicht deutlich wird, ob Schütz Frauen im Sinne eines generischen Maskulinums „mitgedacht" hat. Die Auswahl seiner Begriffe - so spricht er nur von Vater - lassen vermuten, dass er tatsächlich lediglich die Begegnungen von Männern im Blick hatte.

*Objekt seines Denkens. Insofern er an Kenntnis seiner sozialen Welt interessiert ist, organisiert er diese Kenntnis (…) in Begriffen der Relevanz für seine Handlungen (Schütz 2011).*

Der Mensch strebt demnach nach einem graduellen Wissen über die für seine Handlungen notwendigen Elemente, „wobei der Grad des Wissens der Relevanz der Elemente entspricht" (ebd.). Für Schütz ist dieses Wissen, nach dem der Mensch in der Welt seines Lebens handelt, nicht homogen, sondern inkohärent, nur teilweise klar und drittens nicht frei von Widersprüchen. Für Mitglieder der in-group hat es jedoch „den Schein genügender [sic.] Kohärenz, Klarheit und Konsistenz, um jedermann eine vernünftige Chance zu geben zu verstehen und selbst verstanden zu werden" (ebd.).

*Das Wissen, das diesen kulturellen und zivilisatorischen Mustern entspricht, hat seine Evidenz in sich selbst – oder es wird aus Mangel an gegenteiliger Evidenz fraglos hingenommen. Es ist ein Wissen von vertrauenswerten ‚Rezepten', um damit die Welt auszulegen und um mit Dingen und Menschen umzugehen, damit die besten Resultate in jeder Situation mit einem Minimum an Anstrengungen und bei Vermeidung unerwünschter Konsequenzen erlangt werden können (Schütz 2011).*

In einer Migrationsgesellschaft ergeben sich dabei zwei Konsequenzen: Für den Personenkreis, der sich, um im Bild Schütz' zu bleiben, annähert, um dauerhaft akzeptiert oder zumindest geduldet zu werden, bedeutet dies, dass die eigenen „Denken-wie-üblich"-Schemen nicht als Handlungsorientierung ausreichen. Einerseits führt dies zu schwierigen Lernprozessen, da ein teilweise über Generationen inkorporiertes Wissen erworben werden müsste, dies aber mit Infragestellung des eigenen „habituellen ‚Denkens-wie-üblich'" (ebd.) einhergeht. Das eigene, als „natürlich" und gültig angesehene Wissen wird in seiner Inkohärenz, Unklarheit und Inkonsistenz bewusst.

Für Mitglieder der aufnehmenden Gesellschaft stellt sich die Lage anders dar. Auch sie werden allerdings durch den Kontakt mit dem Fremden in ihren Gewissheiten erschüttert, denn der Fremde zeigt aus einer objektiven Sicht auf die Grenzen des „Denken-wie-üblich" hin. Wenn der Fremde nicht die Gesamtheit der Kultur- und Zivilisationsmuster übernimmt, stellt er diese als den „natürlichen" und angemessenen Lebensstil und als beste Lösung aller nur möglichen Probleme in Frage, was für Schütz die Ursache für Vorwürfe der zweifelhaften Loyalität ist, denen Fremde häufig ausgesetzt werden.

Schütz liefert mit seinem Aufsatz eine frühe Folie für Prozesse, die auch in den heutigen Migrationsbewegungen stattfinden. Es ist jedoch zu berücksichtigen, dass Schütz von der Begegnung zweier Kulturen ausgeht, die „als geschlossene Universa ohne angebbare Übersetzungsregeln vorgestellt werden" (Stichweh 1992). Diese von Schütz angenommene Geschlossenheit ist in einer Welt, die nicht nur durch Mobilität, sondern auch durch eine kommunikative Vernetzung mittels Internet und Massenmedien in Kontakt gekommen ist, nicht haltbar. Schütz nimmt zudem an, dass Migration nur unfreiwillig erfolgt, denn „warum schließlich sollte man eine als Garanten von Deutungssicherheit erfahrene eigene Kultur aufgeben" (ebd.). Schütz' Sichtweise erscheint für die heutige Zeit unterkomplex, wenn Zuwanderung in einer postmigrantischen Gesellschaft geschehene Realität ist und teilweise vor drei oder mehr Generationen stattgefunden hat. Hierbei ist es nicht zu der von Schütz erwarteten vollständigen Assimilation der Fremden gekommen, vielmehr entwickeln sich hybride Identitäten, die sich zwischen verschiedenen kulturellen Praktiken bewegen. Die von vielen Migrant*innen beschriebenen Ausgrenzungen und Diskriminierungen gehen über die von Schütz beschriebene tiefe Orientierungskrise Fremder hinaus. Stichweh weist darauf hin, dass die fremdkulturelle Situation dadurch verschärft wird, dass die „zögernden, weil hinreichender Regelkenntnis entbehrenden Schritte in der neuen Kultur von Einheimischen als Mangel an Bereitschaft, sich der neuen Situation anzuvertrauen, gedeutet werden können"(ebd.).

Schütz' Analyse zeigt allerdings auf, dass sowohl in der zugewanderten wie in der aufnehmenden Bevölkerung Unsicherheiten entstehen (müssen), weil sich scheinbare Gewissheiten auflösen. Hierdurch werden, wie (Straub 2018) formuliert, „Menschen in psychosoziale Herausforderungen verstrickt, in denen Empfindlichkeiten, Sympathien und Antipathien den Ton angeben, das ‚Gesicht' und der Stolz der Beteiligten auf dem Spiel stehen und Verletzungen aller Art wahrscheinlich sind" (ebd.) Kulturelle Differenz steht damit für Verletzungsrisiken, „die Menschen, insofern sie sich selbst davon bedroht fühlen, fürchten und ungern eingehen, gegen die sie sich wappnen (oder zu wappnen meinen, soweit dies möglich erscheint)" (ebd.).

Die postmigrantische Forschung beschreibt – über die vom Subjekt aus gedachten Konfliktlinien hinausgehend - soziale und ökonomische Tatbestände, die darauf hinweisen, dass Menschen mit Migrationshintergrund[4] zahlreichen Ausgrenzungsmechanismen ausgesetzt sind, hierzu zählen z.B. eine auffallende Unterrepräsentation in politischen Ämtern, im öffentlichen Dienst, im Journalismus und im Bildungswesen sowie in Führungspositionen (Foroutan 2015).

---

[4] Gemäß Definition des statistischen Bundesamtes hat eine Person einen Migrationshintergrund, wenn sie selbst oder mindestens ein Elternteil die deutsche Staatsangehörigkeit nicht durch Geburt besitzt (Destatis 2019).

Für die Frage interkultureller Bildung lohnt es sich an dieser Stelle, diese Ausgrenzung in zweierlei Hinsicht zu betrachten, wobei beide Perspektiven zusammengedacht werden müssen. Im Mittelpunkt steht dabei die Frage der Zugehörigkeit, die zum einen als intersubjektive Praktik vollzogen wird, andererseits aber strukturell beobachtbar ist.

Foroutan beschreibt, dass die Realität gewordene und somit fraglose Zugehörigkeit schon an Unsicherheiten in der Bezeichnungspraxis scheitert. Wie treffend ist die Bezeichnung Mensch mit Migrationshintergrund, wenn für inzwischen mehr als ein Drittel der so Bezeichneten Migration keine selbst erlebte Erfahrung ist? Trotzdem bleibt Migrationserfahrung ebenso wie die Fiktion von „Rückkehr" als Bestandteil „der biografischen Kernnarration bestehen - entweder durch die Familienlegende oder durch außerfamiliäre Zuschreibungen, bedingt durch phänotypische Merkmale wie Aussehen, Akzent, Kleidung oder Namen" (Foroutan 2010).

Die herkunftsdeutsche Bevölkerung steht gleichzeitig vor der Problematik, dass sie nicht weiß, wie sie „sich selbst oder jene bezeichnen soll, die lange Jahre als "Ausländer" oder "Fremde" galten und nun offensichtlich zu Deutschland gehören wollen und sollen" (ebd.). So tauchen in jüngster Zeit ironisierende Begriffe, wie „Bio-Deutsche" auf, da die Bezeichnung autochthone Deutsche zu wissenschaftlich, Deutsch-deutsche zu redundant und „echte Deutsche" zu ausgrenzend ist (ebd.). Hartnäckig hält sich der Eindruck, dass die neuen Deutschen, ein weiterer Begriffsvorschlag, nicht wirklich dazu gehören, wobei dies in den Schattierungen von nicht dazu gehören wollen bis nicht dazu gehören sollen konnotiert sein kann. Während sie darum ringen, eine pragmatische Bezeichnung für die Heimat zu finden, in der sie leben, wo ihr Haus steht und wo die eigene Familie lebt, gibt es für sie „einen Sehnsuchtsort in der Ferne, der ebenfalls mit Heimat assoziiert wird" (ebd.). Die autochthone Bevölkerung tut sich schwer, diese Ambivalenz zu verstehen, gleichzeitig werden auch für diesen Teil der Bevölkerung von der Zuwanderung soziale Normen und Gewissheiten in Frage gestellt.

Dieses in Fragestellen von Sinnsystemen weist auf die Konfliktlinien einer postmigrantischen Gesellschaft hin. In ihr geht es nicht mehr um die Frage der Migration selbst, sondern um gesellschaftspolitische Aushandlungsprozesse (Foroutan 2015), in deren Mittelpunkt der Umgang mit Widersprüchlichkeit, mit Hybridität und mit Veränderung rücken. Foroutan entdeckt in den Diskursen um Migration oder die Zugehörigkeit des Islam zu Deutschland die grundsätzliche Frage, wie die Gesellschaft mit Pluralität und Heterogenität umgeht. Migration ist für sie nur eine Chiffre, hinter der sich der „Umgang mit Gender-Fragen, Religion, sexueller Selbstbestimmung, Rassismus,

Schicht und Klasse, zunehmender Ambiguität und Unübersichtlichkeit (Foroutan 2018) versteckt. Es geht im Kern darum, eine Position zu Pluralität zu finden. Dies fällt zeitgleich mit einem Prozess der Mediatisierung und Digitalisierung zusammen, der mit einer scheinbaren Beschleunigung von Zeit und einer Auflösung räumlicher Bezüge einher geht. Es erscheint passend, wenn auch in diesem Kontext von einem kulturellen Wandel gesprochen wird oder in der betrieblichen Organisationsentwicklung neue Unternehmenskulturen gefordert werden.

# Fremdheit und kulturelle Different als Platzanweiser

Kulturelle Differenzen beeinflussen dabei nicht nur intersubjektive und gesellschaftliche Aushandlungsprozesse, sondern implizieren auch Positions- und Statusunterschiede und soziale Ungleichheiten.

Wenn „Frauen, Männer oder Angehörige von bestimmten ethnischen Gruppen bei gleicher Leistung schlechter bezahlt werden oder bei Bewerbungen ausgeschlossen werden, dann liegt Diskriminierung vor" (Rössel 2009), womit Diskriminierung als Verstoß gegen das Prinzip der Leistungsgerechtigkeit definiert wird, da die Schlechterstellung bestimmter Personengruppen aufgrund zugeschriebener Merkmale erfolgt. Askriptive Merkmale, wie die soziale Herkunft, das Geschlecht oder die ethnische Zugehörigkeit unterscheiden sich von erworbenen Merkmalen, wie z.B. Bildung, da sie einer Person unabhängig von ihrer eigenen Leistung bzw. ihrem eigenen Handeln zugeschrieben werden. Diskriminierung steht in engem Zusammenhang mit Strategien sozialer Schließung. Den Begriff der sozialen Schließung hat der deutsche Urvater der Soziologie Weber in seinem 1921/22 posthum erschienenen Werk *Wirtschaft und Gesellschaft* (Weber 1972) in die soziologische Diskussion eingeführt und dabei in „drei Kontexte gestellt: a) die allgemeine Bestimmung sozialer Beziehungen, b) die Definition von Wirtschaftsbeziehungen und c) die Gemeinschaftsbeziehungen ethnischer Gruppen" (Wilz 2004). Während Strategien sozialer Schließung von bestimmten Akteuren verfolgt werden, um die Konkurrenz um bestimmte Positionen zu verringern und bestimmte Chancen zu monopolisieren, ist Diskriminierung lt. Rössel (2009) die Auswirkung dieser Strategien bei den davon nachteilig betroffenen Personengruppen. In den 1970 er und 1980er Jahren entwickelten insbesondere Frank Parkin, Randall Collins und Raymond Murphy aus Webers Konzept der sozialen Schließung eine Schließungstheorie. Der schließungstheoretische Ansatz erscheint als „Theorie mittlerer Reichweite" (Mackert 2004) gerade durch ein Set relativ einfacher Ideen gut geeignet, die Prozesse von Diskriminierung und Ausgrenzung zu untersuchen. Die Schließungstheorie berücksichtigt dabei die Machtperspektive ebenso wie strukturelle Fragestellungen (ebd.).

Anders als Weber, der annimmt, dass praktisch jedes Gruppenmerkmal, wie Rasse, Sprache, soziale Herkunft oder Abstammung, herausgegriffen werden kann, sofern es zum Monopolisieren bestimmter, sozialer und ökonomischer Chancen verwendet werden kann (Weber 1972) geht Parkin von einem weniger zufälligen Vorgehen aus. Um den Zugang zu Privilegien und Erfolgschancen auf einen Kreis von Auserwählten zu begrenzen, werden bestimmte, äußerlich identifizierbare soziale und physische Merkmale als Rechtfertigung für den Ausschluss hervorgehoben (Parkin 2004). Eva Cyba, die das Konzept der Schließung im Rahmen der Frauen- und Geschlechterforschung für die Erklärung von Ungleichheit nutzt, geht ebenfalls davon aus, dass ein gruppenspezifisches Merkmal mehr ist als ein - wie von Weber angenommen - mögliches Kriterium der Exklusion, es ist die Ursache von Schließung (Wilz 2004). Dies bedeutet, dass Mitglieder einer

*Gruppe, die mit geringeren sozialen Ressourcen ausgestattet ist, einen benachteiligten Status für den Erwerb sozialer Positionen besitzen. Da soziale Güter und begehrte Positionen nur begrenzt zur Verfügung (...) stehen, so werden jene die einen begrenzten Zugang haben, jene Gruppen abweh-*

*ren, die von vornherein einen benachteiligten Status haben (Cyba 1993).*

Cyba erkennt sowohl offene wie verdeckte Schließungspraktiken. Für sie kann Schließung demnach auch Folge nicht-intendierten Handelns sein und nicht nur als interessegeleitete Strategie verstanden werden (Wilz 2004). Für das interkulturelle Lernen bedeutet das, dass Exklusion und Diskriminierung, Stereotype und Vorurteile nicht nur ein auf der Praxisebene zu bearbeitendes Problem darstellen, sondern weisen auf Strukturen von Macht hin. Interkulturelles Lernen mag bestehende Differenzlinien zwar nicht beseitigen können, aber es darf auch die Augen nicht davor verschließen, dass Interkulturelle Kommunikation in einem Machtgefälle stattfindet, bei denen die Menschen mit Migrationshintergrund, die als Fremde, Andere oder nicht Dazugehörige gekennzeichnet werden dabei auf der schwächeren Seite sind.

*Othering*, also die Kenntlichmachung der oder des Anderen, stellt dabei den ersten Schritt zur Schließung dar. Es ist der Prozess, in dem Unterschiede als Konstrukt benutzt werden, um andere als grundsätzlich anders darzustellen. Im Unterschied zur neutralen Beobachtung, dass sich Menschen z.B. in ihrem Aussehen, nach Geschlecht, Religionszugehörigkeit, Nationalität oder ihrem Beruf unterscheiden, definiert *Othering* Gruppen mit bestimmten Merkmalen nicht nur als andersartig und fremd, sondern als weniger wertvoll und abzuwertend. „Diese Merkmale dürfen nur diejenigen bestimmen, die die Deutungsmacht haben" (Sequeira 2015). Im *Othering* zeigt sich sowohl die Exklusionsmacht der dominanten Gruppe wie die beschränkte Möglichkeit der Usurpation der Ausgeschlossenen. Kulturelle Begegnungen sowie Integrationsbemühungen finden somit in einem Machtverhältnis statt, das so lange asymmetrisch ist, wie

> *gesellschaftliche Machtverhältnisse hegemonialen Gruppen mehr Definitions- und Deutungsmacht erlauben als Minderheiten. Das soll heißen, dass der Prozess der Identifikation mit einem Land oder einer Gesellschaft jederzeit abgebrochen werden kann, wenn die Seite, die für sich in Anspruch nimmt zu definieren, wie dieses Land sich in seiner »Leitkultur« beschreibt, jene soziale Gruppe, zu der eine Minderheit oder eine unerwünschte Mehrheit gehört, als nicht zugehörig beschreibt. Identifikation ist also in starkem Maße abhängig von Anerkennung, und Zugehörigkeit kann sich nicht unabhängig von ihrer Gewährung durch andere einstellen (Foroutan 2019).*

Die Frage nach Anerkennung und Zugehörigkeit deckt sich mit der von Murphy aufgezeigten langfristigen Tendenz der Ablösung kollektivistischer Exklusionskriterien durch individualistische. Er sieht hierin jedoch keinen moralischen Fortschritt, sondern eher eine Modifikation der Zuschreibung als deren Abschaffung (Murphy 2004). Der Ausschluss erfolgt für ihn nicht nach offen zu Tage tretenden Exklusionsregeln, sondern durch verschleierte Machtunterschiede oder den Vorwurf mangelnden Integrationswillens. Hiermit kann überdeckt werden, dass ethnische Minderheiten schlechtere Bildungschancen haben oder weniger Privateigentum besitzen, woraus sich wiederum geringere Aufstiegschancen ergeben.

# Diskurs der Schlüsselqualifikation und die Subjektivierung des interkulturellen Lernens

Wie lassen sich nun die Ergebnisse dieses Streifzuges zusammenführen und sich daraus Konsequenzen für die Gestaltung interkultureller Bildung ableiten. Zunächst wurde aufgezeigt, dass die Vermittlung interkultureller Kompetenz als Antwort einer globalisierten Welt konzipiert wurde. Anhand des klassischen Textes von Alfred Schütz wurden die Anpassungsprozesse in der interkulturellen Begegnung beleuchtet. Die postmigrantische Perspektive erweitert den Blick, dass es sich jedoch nicht nur um die individuelle Begegnung eines Subjektes mit einer Mehrheitsgesellschaft handelt, sondern um Veränderungen und Aushandlungsprozesse nach erfolgter Migration. Dies weist auf Schließungsprozesse hin, die in einer solchen Migrationsgesellschaft stattfinden und zu einer sozial benachteiligenden Platzierung von Migrant*innen in der Gesellschaft führen.

Betrachtet man die Entstehungsgeschichte interkultureller Trainings, die zunächst dafür gedacht waren, *ex-patriates*, also im Ausland beruflich tätige und lebende Menschen, erfolgreich zu machen, wird deutlich, dass sich die Anforderungen verändert haben. Die Fragestellungen, Themen und Inhalte haben sich im Laufe der Zeit immer mehr in den Binnenbereich der Gesellschaft, auf das Zusammenleben zwischen Einheimischen und Zugewanderten verlagert. War es zunächst ausreichend Kenntnisse zu vermitteln, um die Anpassungsprozesse in einer fremden Umgebung zu erleichtern, herrscht in vielen interkulturellen Programmen nun die Sichtweise vor, Integration und Zusammenleben zu erleichtern. Die klassischen Zielgruppen, für die sich interkulturelle Trainings etabliert haben, sind heute a) die bereits genannten *ex-patriates* b) Menschen, die für eine begrenzte oder längere Zeit, z.B. als Student*innen, in Deutschland leben und c) Menschen, die mit Menschen aus anderen Kulturkreisen arbeiten oder arbeiten wollen. Diese Aufzählung macht deutlich, dass die postmigrantische Perspektive hier kaum Platz findet. Juliana Roth, die den Kurs Xpert Culture Communication skills® in Kooperation mit den Bayerischen Volkshochschulverband entwickelt hat, beschreibt die Problemstellung. Zwar habe sich mit dem Konzept der Transkulturalität ein Konzept entwickelt, dass davon ausgeht, dass sich durch die Begegnung auch gegensätzlicher Kulturkreise Grenzen verwischen oder möglicherweise sogar auflösen. Sie anerkennt, dass in diesem Konzept, nicht nur eine Gesellschaft, sondern auch der einzelne Mensch von Vielfalt durchdrungen sein kann, entscheidet sich dann aber dennoch für das aktuell dominierende Konzept klassischer Interkulturalität, welches „auf der Makroebene die Grundlage für die heutigen Integrationsmaßnahmen in Bildung und Politik bildet und auf der Mikroebene die Einstellungen und Denkweisen vieler Bürger prägt". Möglicherweise ist der Begriff der Transkulturalität, der Mitte der 1990er Jahre durch Wolfgang Welsch geprägt wurde, auch besser im Kontext eines weiter gefassten Diversity-Trainings aufgehoben. Mit Transkulturalität ist eine Kritik am klassischen Kulturverständnisses mit dessen behaupteter Homogenität und Einheitlichkeit der Kultur sowie der deswegen erforderlichen Imagination des Außen und des Fremden verbunden (Welsch 1997). In diesem Konzept rückt die Identität und die Persönlichkeitsveränderungen in den Mittelpunkt, die sich aus dem Kulturkontakt ergeben (Roth und Köck 2011).

Unter dem Etikett Diversity-Training könnten nicht nur die ethische Etikettierung sowie die Gefahr falscher Zuschreibung und der ungewollten

Verstärkung und (Re-) Konstruktion von Vorurteilen reduziert werden. Der Blick könnte nicht nur auf die Ausgrenzung anderer Menschen aufgrund gruppenbezogener Merkmale gerichtet werden, sondern ebenso auf erfolgreiche Strategien, z.B. aus der Emanzipationsbewegung oder aus dem Konzept des *Empowerment* der Behindertenarbeit. Chamberlin beschreibt Empowerment als Ermächtigung von oder Verantwortungsübertragung an Betroffene, wobei sie den Zugang zu Information, Entscheidungsfähigkeit, Durchsetzungsvermögen und Selbstwertgefühl als Schlüsselelemente identifiziert (Chamberlin 1997). Das normativ veränderte Ziel wäre dann nicht der Versuch eine Integration in eine homogene Kultur zu ermöglichen oder die konfliktfreie Kommunikation zwischen solchen homogen gedachten Kulturen zu erlernen, sondern eine Unterstützung im Umgang mit einer pluralen Gesellschaft. Individuell ginge es darum, den Menschen Werkzeuge zu reichen, mit den Ungewissheiten moderner Gesellschaften, die sicher nicht nur in der interkulturellen Begegnung manifestieren, besser zurecht zu kommen. Es ginge darum, sich mit der Inkohärenz, der Unklarheit und Inkonsistenz der eigenen und von fremden Zivilisationsmuster auseinander zu setzen, ganz gleich, ob man sich der einheimischen, der zugewanderten oder einer der vielen möglichen hybriden Gruppen zurechnen möchte oder diesen zugerechnet wird. Statt die Unterschiede zwischen verschiedenen Gruppen als Ausgangspunkt zu nehmen, wäre das Gemeinsame der Ausgangspunkt. Paradoxerweise ist das gemeinsame Merkmal von Individuen ihre Individualität und das Einende einer pluralen Gesellschaft ihre Pluralität.

# Literaturverzeichnis

Chamberlin, Judi (1997). A Working Definition of Empowerment. Psychiatric Rehabilitation Journal 20 (4), 43–46.

Cyba, Eva (1993). Überlegungen zu einer Theorie geschlechtsspezifischer Ungleichheiten. In: Soziale Ungleichheit und Geschlechterverhältnisse. Opladen, Leske + Budrich, 33–49.

Destatis (Hg.) (2019). Bevölkerung und Erwerbstätigkeit. Bevölkerung mit Migrationshintergrund – Ergebnisse des Mikrozensus 2018. Statistisches Bundesamt. Wiesbaden. Fachserie 1 Reihe 2.2.

Foroutan, Naika (2010). Neue Deutsche, Postmigranten und Bindungs-Identitäten. APUZ - Aus Politik und Zeitgeschichte 2010 (46/47), 9–15.

Foroutan, Naika (2015). Die postmigrantische Gesellschaft. Bundeszentrale für politische Bildung. Online verfügbar unter https://www.bpb.de /gesellschaft/migration/kurzdossiers/205190/di e-postmigrantische-gesellschaft.

Foroutan, Naika (2018). Die postmigrantische Perspektive. Aushandlungsprozesse in pluralen Gesellschaften. In: Marc Hill/Erol Yıldız (Hg.). Postmigrantische Visionen. Erfahrungen - Ideen - Reflexionen. Bielefeld, transcript, 15–28.

Foroutan, Naika (2019). Die postmigrantische Gesellschaft. Ein Versprechen der pluralen Demokratie.

Giddens, Anthony (1986). The constitution of society. Outline of the theory of structuration. Berkeley, Univ. of California Press.

Mackert, Jürgen (2004). Die Theorie sozialer Schließung. Das analytische Potenzial einer Theorie mittlerer Reichweite. In: Jürgen Mackert (Hg.). Die Theorie sozialer Schließung. Wiesbaden, VS Verlag für Sozialwissenschaften, 9-24.

Murphy, Raymond (2004). Die Struktur sozialer Schließung: Zur Kritik und Weiterentwicklung der Theorien von Weber, Collins und Parkin. In: Jürgen Mackert (Hg.). Die Theorie sozialer Schließung. Wiesbaden, VS Verlag für Sozialwissenschaften, 87-109.

Parkin, Frank (2004). Strategien sozialer Schließung und Klassenbildung. In: Jürgen Mackert (Hg.). Die Theorie sozialer Schließung. Wiesbaden, VS Verlag für Sozialwissenschaften, 28-43.

Rössel, Jörg (2009). Sozialstrukturanalyse. Eine kompakte Einführung. Wiesbaden, VS Verlag für Sozialwissenschaften / GWV Fachverlage GmbH Wiesbaden.

Roth, Juliana/Köck, Christoph (Hg.) (2011). Interkulturelle Kompetenz. Handbuch für die Erwachsenenbildung = [Xpert] culture communication skills. 2. Aufl. München/Stuttgart, Bayerischer Volkshochschulverband e.V; EduMedia.

Roth, Juliana/Sterzenbach, Gregor (2017). Interkulturelle Kompetenz in der Verwaltung. Ein Arbeitsbuch. Stuttgart, EduMedia GmbH.

Rychen, Dominique Simone (2008). OECD Referenzrahmen für Schlüsselkompetenzen - ein Überblick. In: Bormann, Inka, de Haan, Gerhard (Hg.). Kompetenzen der Bildung für nachhaltige Entwicklung: Operationalisierung, Messung, Rahmenbedingungen, Befunde. Wiesbaden, VS, Verl. für Sozialwiss, 15–22.

Schütz, Alfred (2011). Relevanz und Handeln 2. Gesellschaftliches Wissen und politisches Handeln. Hg. von Andreas Göttlich/Gerd Sebald/Jan Weyand. Konstanz, UVK-Verl.-Ges.

Sequeira, Dileta Fernandes (2015). Gefangen in der Gesellschaft. Alltagsrassismus in Deutschland; Rassismuskritisches Denken und Handeln in der Psychologie. s.l., Tectum Wissenschaftsverlag.

Stichweh, Rudolf (1992). Der Fremde. Zur Evolution der Weltgesellschaft. Rechtshistorisches Journal (11), 295--316.

Straub, Jürgen (2018). Das Selbst als interkulturelles Kompetenzzentrum. Ein zeitdiagnostischer Blick auf die wuchernde Diskursivierung einer ›Schlüsselqualifikation‹. In: Pradeep Chakkarath/Doris Weidemann (Hg.). Kulturpsychologische Gegenwartsdiagnosen. Bielefeld, transcript Verlag, 149–202.

Thomas, Alexander (2003). Kultur und Kulturstandards. In: Alexander Thomas/Eva-Ulrike Kinast/Sylvia Scholl-Mach (Hg.). Grundlagen und Praxisfelder. 2. Aufl. Göttingen, Vandenhoeck & Ruprecht, 19–31.

Weber, Max (1972). Wirtschaft und Gesellschaft. Grundriß der verstehenden Soziologie. Besorgt von Johannes Winckelmann. 5. Aufl. Tübingen, Mohr.

Welsch, Wolfram (1997). Transkulturalität. Thesis, Wissenschaftliche Zeitschrift der Bauhaus-Universität Weimar

Wilz, Sylvia M. (2004). Für und wider einen weiten Begriff von Schließung. Überlegungen zur Theorie sozialer Schließung am Beispiel von Geschlechterungleichheiten. In: Jürgen Mackert (Hg.). Die Theorie sozialer Schließung. Wiesbaden, VS Verlag für Sozialwissenschaften, 213–231.

# Prolog: Eine Zugfahrt nach Köln

Bei diesem Beitrag handelt es sich um einen sogenannten *Critical Incident*. CIs sind als kritisch definierte Fallbeschreibungen, die in interkulturellen Interaktionen auftreten können. Üblicherweise werden dabei bestimmte Kulturdimensionen, wie Zeitverständnis oder Kollektivismus vs. Individualismus, angesprochen und so interkulturelle Lerninhalte vertieft (Franzke & Henfling, 2017). Diese CI-Geschichte ist besonders „fuzzy" (Bolten, 2011), also unklar geschrieben. Sie hat in meinen interkulturellen Trainings schon für viele Diskussionen gesorgt.

Und nein: es gibt keine Musterlösung!

P eter, 34 Jahre alt, ist beauftragt worden Herrn Bhandari zu einer Messe zu begleiten. Dieser ist ein Geschäftspartner von Peters Arbeitgeber und stammt aus Nepal. Er ist seit zwei Tagen in Deutschland, um diese Messe auf Einladung von Peters Firma zu besuchen. Bei der gemeinsamen Zugfahrt von Frankfurt nach Köln erfährt Peter, dass Herr Bhandari fast jedes Jahr in Deutschland ist, aber auch Geschäftskontakte auf der ganzen Welt hat. Angeregt unterhalten Sie sich eine lange Zeit über Kanada, wo Peter ein halbes Jahr studiert hat. Er ist auch sehr fasziniert als Herr Bhandari von den Anfängen seiner Firma erzählt, die er in den letzten 35 Jahren zu einem erfolgreichen Handel mit nepalesischem Kunsthandwerk aufgebaut hat. Der Geschäftsmann berichtet, dass er inzwischen 120 Menschen mit Arbeit versorgt und gerne noch ein zweites Werk aufbauen würde. Peter fragt nach den Arbeitsbedingungen und den einzelnen Produktbereichen und berichtet davon, wie sehr die Deutschen den Nepalesinnen und Nepalesen zugetan sind. Er selbst hätte erst vor kurzen einen Bericht über die herrliche Landschaft gesehen, dann fragt er Herrn Bhandari nach den Folgen des Erdbebens von 2015 und erfährt, dass auch dessen Elternhaus in der Nähe von Katmandu davon betroffen war. Peter ist nicht verwundert, dass Herr Bhandari auch hier sein Smartphone zur Hand nimmt und wie schon während des ganzen Gespräches Bilder dazu zeigt. So hat Peter inzwischen die Ehefrau, die beiden Söhne und deren Familie und auch die in London studierende Tochter kennengelernt und bekommt nun anlässlich des 95 – jährigen Geburtstages der Mutter auch die restliche Familie vorgestellt. Peter ist es nun fast ein wenig peinlich, dass er gerade mal das Hochzeitsbild seiner Schwester, ein paar Bilder seiner beiden Westhighland-Terrier und zwei, drei Bilder vom letztjährigen Umzug in seine Frankfurter Wohnung in seinem Handy hat. Sie müssen an dieser Stelle aber auch die Unterhaltung abbrechen, da sie in den Kölner Messebahnhof einrollen. Peter räumt noch schnell die Kaffee-2-go Becher in den Mülleimer, die die beiden während der Fahrt getrunken hatten und sie verlassen den Zug. Herr Bhandari verabschiedet sich unmittelbar am Bahnsteig von Peter, da er noch vor dem Messebesuch telefonieren müsse. Peter bedankt sich für die gemeinsame Fahrt und das angenehme Gespräch.

Peter wundert sich sehr darüber, als sich Herr Bhandari den ganzen Tag nicht am Messestand der Firma sehen lässt. Bei der abendlichen Rückfahrt setzt sich dieser nicht neben Peter, sondern in eine freie Reihe daneben und beginnt am Computer zu arbeiten. Als Peter am nächsten Morgen von seinem Vorgesetzten gefragt wird, wie denn der Tag mit Herrn Bhandari verlaufen sein, ist Peter völlig ratlos, was er antworten soll.

Was sollte Peter seinem Chef antworten?

**Mögliche Fragestellungen zur „Zugfahrt nach Köln":**

Diskutieren Sie, was Peter auf der Reise nach Köln so irritiert hat. Was sind mögliche Ursachen für diese Irritation?

Formulieren Sie die Geschichte auch aus der Ich-Perspektive von Herrn Bhandari. Wo befinden sich Hotspots, also Unterschiede in den beiden Versionen des Geschehens.

Welche kulturellen Erklärungen finden Sie für diese unterschiedlichen Versionen, gibt es auch andere Erklärungen? Diskutieren Sie, was die wahrscheinlichste Deutung ist.

Beschreiben Sie die Irritationen, die sich bei Herrn Bhandari ergeben haben könnten und versuchen Sie auch diese zu erklären.

# Literaturverzeichnis

Bolten, J. (2011). Unschärfe und Mehrwertigkeit. "Interkulturelle Kompetenz" vor dem Hintergrund eines offenen Kulturbegriffs. In W. Dreyer & U. Hößler (Hrsg.), Perspektiven interkultureller Kompetenz: mit 11 Tabellen. (S. 55–70). Göttingen [u.a.]: Vandenhoeck & Ruprecht.

Franzke, B. & Henfling, R. (2017). Interkulturelle Kompetenz Deutschland Russland. 20 Critical Incidents mit Lösungsmustern. Bielefeld: W. Bertelsmann Verlag.

# Autor

Oliver Kustner ist Berater, Business-Coach und selbst als interkultureller Trainer tätig. Den Bildungswissenschaftler fasziniert die Auseinandersetzung mit dem scheinbar "Normalen" und den angeblichen Gewissheiten unserer Gesellschaft. Er schreibt dabei nicht in den multikulturellen Hotspots der Republik, denn er wohnt und arbeitet wahlweise im Dreiländereck um Aachen oder in der Gegend seiner Herkunft nahe Nürnberg.

FSC
www.fsc.org
MIX
Papier | Fördert
gute Waldnutzung
FSC® C083411

Zeitfracht Medien GmbH
Ferdinand-Jühlke-Straße 7
99095 Erfurt, Deutschland
produktsicherheit@kolibri360.de